自然社交，让情绪不再敏感

陌　川　著

清华大学出版社

北　京

内 容 简 介

我们经常在不自知的情况下被他人影响，都是由于没能做好情绪管理造成的。由于对外界反馈敏感，我们无法正常社交，自然也无法收获优质人脉，而人脉资源是个体财富资源的重要组成部分。可以这么理解：没有优质人脉社交的人，没有未来。为了解决这个问题，我专门编写了本书。

全书共四章，主要内容包括与原生家庭合解、重塑人际关系、让社交敏感者学会游刃社交、缓解职场社交压力。

本书主要面向因社交敏感而在生活中处处碰壁、受挫的群体，循序渐进地挖掘本质原因，找出社交人脉中的主要痛点、难点，以案例与理论相结合的方式，深入浅出、一步步地对如何通过社交收获人脉、资源、机会、信息进行详细分享。

图书在版编目（CIP）数据

自然社交，让情绪不再敏感 / 陌川著 . — 北京：清华大学出版社，2020.5（2021.8 重印）
ISBN 978-7-302-55329-8

Ⅰ . ①自… Ⅱ . ①陌… Ⅲ . ①社会交往 – 通俗读物 Ⅳ . ① C912.3-49

中国版本图书馆 CIP 数据核字（2020）第 062783 号

责任编辑：张立红
封面设计：梁　洁
责任校对：赵伟玉
责任印制：丛怀宇

出版发行：清华大学出版社
　　　　网　　址：http://www.tup.com.cn，http://www.wqbook.com
　　　　地　　址：北京清华大学学研大厦 A 座　　　　邮　编：100084
　　　　社总机：010-62770175　　　　邮　购：010-62786544
　　　　投稿与读者服务：010-62776969，c-service@tup.tsinghua.edu.cn
　　　　质量反馈：010-62772015，zhiliang@tup.tsinghua.edu.cn
印 装 者：三河市吉祥印务有限公司
经　　销：全国新华书店
开　　本：170mm×240mm　　　　印　张：14.5　　　　字　数：227 千字
版　　次：2020 年 7 月第 1 版　　　　印　次：2021 年 8 月第 4 次印刷
定　　价：58.00 元

产品编号：086350-01

前 言
PREFACE

敏感脆弱，有些"玻璃心"，表面却又装作什么都不在乎，因为担心会被人讨厌。

希望得到爱，但知道不管怎样都不会有回应，索性一个人忍受吧，久而久之也就麻木了。

不敢表达自己，生怕哪句话说得不好，就会惹周围人不高兴；常年压抑自己的需求和感受，一味顾及别人，却很少被别人关心、照顾。

被排挤、孤立甚至操控过，这些问题没有得到根本解决。

容易被情感绑架、道德绑架、强制安排，一旦发生事情，习惯性地陷入自责。

害怕建立亲密关系；如果被夸赞，反而会怀疑对方是否真心。

过分敏感地感觉到周围人的存在，经常对人际关系感到紧张、焦虑、恐惧、厌烦，甚至抑郁。

经常陷入自我怀疑、自我否定、自我厌恶的状态中去。

…………

如果你现在有这类问题，那么请首先从培养一个爱好开始。

这个爱好可以是"读书"，比如现在，你就可以拿起本书，跟随书中内容，一起来看看社交人际中的种种究竟是因为什么，它们是如何让你充满消极负面情绪的。

该如何解决上述情况，继而收获积极的情绪及健康的人际关系？

此书将带领大家从"与原生家庭和解"入手，逐步剖析社交敏感的原因、现象及改善方法。

它将帮助我们解决以下问题：

- 如何面对原生家庭？
- 如何缓解情感、人际、社交、职场带来的情绪压力？
- 如何改善社交敏感，对自己进行心理疗愈？
- 如何融入社交圈，避免被排挤、攻击、孤立、操控？
- 如何建立自信，用正确的方法展示"个人品牌"，从而在社交圈充满"个人魅力"？

这不是教科书，而是通过真实的小故事阐述道理的"疗愈方法论"。我们尽量以诙谐幽默的方式带大家走入社交敏感者的世界并帮助他们实现意识重建，在社交中重获新生，进而改善各类情绪问题。

目 录
CONTENTS

第 2 章　重塑人际关系

第 3 章　你也可以游刃社交

第4章　缓解职场社交压力

第 1 章

CHAPTER 1

与原生家庭和解

长期被原生家庭阴影笼罩，会让社交敏感者极度缺爱，严重缺乏安全感；他们之中绝大多数在孩童时期被原生家庭影响，长大后就会惧怕社会。因此催生出三种体质者："作"体质者、"受"体质者和"逃"体质者。

想要改善，必须回到原生家庭中去，通过直面父母、亲人，与自己和解，逐步实现心理疗愈。

1.1

如何面对原生家庭?

如果你存在一些人际社交的困惑,并经常因此而受影响,总是质疑自己,那么有没有想过,其实这一切可能是来自你孩童时期原生家庭的影响?

这似乎有些让人难以置信,可能你自己也不相信,问题的起因并不在于自身,过分的自责只会让你越陷越深。

1.1.1 一个不小心,居然活成了讨厌的父母的样子

"妈,我的脚有些疼。"

"脚疼?哦,把脚剁了就不疼了。"

"妈,我今天生理期,衣服明天再洗吧?"

"怎么就你娇气?其他女孩生理期不也照样干活?养你干吗的?不中用!"

朋友小文在一次吃饭时跟我表示,她家隔三岔五就会发生上述这类"没有硝烟的战争"。

"我现在几乎不回家,省得相看两相厌。总算熬到大学毕业,终于不用再被'荼毒'了!"她如释重负地说道。

开始时我觉得这可能只是个例,然而随着社交面的拓宽,认识的朋友越来越多,他们来自五湖四海,各自有不同的家庭背景及成长环境。接触多了之后才发现,

果然是"林子大了，什么鸟都有"。这绝对不是贬义！我意指，人的成长环境居然能够如此多样化！

有一次，我工作到很晚。北京的 7 月深夜，忽然下起瓢泼大雨。我正准备收拾东西回家，忽然接到朋友小秋的电话。

小秋在那边连珠炮似的说了一大堆，我愣了半天才弄明白她要表达的是：她跟父母大吵一架，被轰出来了，现在无家可归，能不能先去我那儿将就一晚上。

我开车接到她时，她已经在外面站了 40 多分钟，抱着仅有的一个背包上车后，愤怒地说："气死我了！在家里完全没有私人空间。卧室的门不能关，必须随时开着！整天翻我书柜，查看我电脑，翻我的一切私人物品！不管我上班多辛苦，都得一大早起来干活，准备早餐！生病还被嫌弃，多吃一点贵的东西就被骂！被骂还不能不开心，否则就说我哭丧着脸是要克死他们！最可气的是，他们对我弟弟却特别好，我在家里就像多余的，根本不是亲生的吧？！"

我安慰了她几句，让她消消气，有话慢慢说。

小秋在高中毕业前，一直跟爷爷奶奶住在乡下，她的弟弟则被父母一直带在身边。小秋算是一个留守儿童，直到自己努力考上大学，才被父母接到北京。

结果，跟父母"团聚"并不是美好的起点，而是"噩梦"的开始。

现在她虽然毕业了，但工资微薄，付不起房租，只能暂时住在家里。父母一心攒钱，准备给弟弟买房，要求她的工资必须月月上缴。小秋现在身无分文，连打车的钱都没有，这才打电话给我，拜托我去接她一趟。

她这现状的确是有点儿惨，但我也不好说人家的家事，只好安抚了她，让她在我家住几天。

然而相处的这几天我却发现，小秋的人际社交真的存在很大问题。其中最大的问题就是她的控制欲太强了。

我吃什么，她要管；我几点回家，她要管；我穿什么，她要指点一番；我喝了什么饮料也逃不过她"智慧的双眼"。

忍了两天，我实在忍无可忍，问她："亲，你觉不觉得，你都快活成你爸妈那样了？"

小秋一愣："怎么了？不是吧？你在逗我？"

"你不觉着自己的控制欲太强了吗？在家时你爸妈对你进行各种控制，到了外面你也总是无意识地要去控制别人。你觉得这是为对方好，但对方需要吗？"

她听罢沉默许久，才说："真没意识到，原来父母对我性格、人际的影响居然这么大！"

1.1.2　你真的是在夸我吗？

小秋可能只是无心一说，自己说不定并没有完全明白，然而她的这句话却点醒了我。那时我才忽然意识到，原来很多在人际关系中存在困扰的社交敏感者，性格方面多多少少受原生家庭的影响。

父母及原生家庭的环境有可能会影响人的一生。

我有个名义上的妹妹，因为认识很多年，关系又非常亲密，所以她一直叫我"姐姐"。这个妹妹是独生女，父母的控制欲非常强，他们会在方方面面以自己的标准要求她，包括洗澡时间、衣服怎么摆放，甚至不能买自己喜欢吃的东西，否则就是"嘴馋、自私"。她父亲非常暴躁，经常骂她，甚至有肢体暴力行为。这些导致她常年处于紧张的状态中。

有一次我俩去看电影，她看到邻座是个中年大叔，就很犹豫，纠结好久才小声跟我说："能不能跟你换一下？"我感到很奇怪，但还是同意了。

电影散场后我问她为什么，她说，因为爸爸总打她，导致她看到四五十岁的男人就害怕，也不敢回家。她晚上经常做噩梦，梦见父母来到北京，追着她打，每次都从梦中惊醒。成年后，阴影也始终挥之不去。但她的情况不是最糟糕的——是的，还有比她更糟糕的。

我做心理咨询师的时候遇见过一个案例。有个姑娘（化名小美）起初求助了一些职业方面的问题，后来又说自己经常抑郁，对什么都提不起兴趣。说着说着，她发给我几张照片，是她自我伤害的照片，不能详细描述，惨不忍睹。

发了之后，她故作轻松地说："我妈有狂暴症，经常往死里打我。小时候看到她我就哆嗦，到现在我都憎恨自己。自我攻击和伤害会让我觉得好一些，否则真的活不下去呀！"

我对她进行了一番安慰，结果她又说："我有各种情绪问题。参与社交会一无所有，但如果拒绝社交，还是会一无所有。不管怎样都会一无所有，现在我已经不折腾了。"

由于出生年代及成长环境的原因，很多父母的视野、格局、思维受到限制。他们之中有些人没接受过教育，很难理解什么是"爱"，既没从上一辈那里感受过爱，也没在后来的学习及工作经历中习得爱。他们认为，给子女一口饭吃，就是爱了。他们甚至会认为，"我对你严苛、控制、管你，是'为你好'，是'爱你'的体现。别人我还不想管呢！你能被我管、被我打骂，是你的荣幸。我是在教育你。你之所以能长成这样，都是我'管教'你的结果"。

他们从来不会进行正常的沟通交流，更不明白该怎样摆事实、讲道理。子女在这样的环境中长大，就会造成性格缺陷，出现各种情绪、心理问题。

小 结

长期被原生家庭阴影笼罩，会让社交敏感者极度缺爱，严重缺乏安全感。这会让他们无法建立任何一段亲密关系，不相信任何人，哪怕之后组建婚姻，也很可能因此而快速离婚。他们不知道该采用怎样的方式跟父母沟通，往往只能逃避、逆来顺受或粗暴抵抗。这些会让他们习得沟通无效，不如放弃，或沟通无效，只能以暴制暴。长大后走入社会，上述习得就会让他们采用同样的方式去解决遇到的各种人际问题。造成社交敏感者人际关系紧张的最主要原因是他们跟父母相处的时候就没有学会该怎么沟通，或者说无论怎么沟通都没用。这会导致他们走入社会后要么不敢说、不敢表达，要么用冷暴力解决问题，要么遇到事情就粗暴应对。

不知道如何跟外界沟通，对人际交往感到紧张。这会让社交敏感者在成年后更倾向于做对内岗位，最好不要整天跟"人"打交道，一个人安静地做自己的事情就好。他们惧怕一切纷争、矛盾、麻烦，只想把自己藏在"安全区"里。长期从事对内岗位，会让他们的视野、思维、格局进一步受到限制，视野的狭窄会造成信息的不对等，以至于失去更多的机会、资源。所以，绝大多数社交敏感者在孩童时期被原生家庭影响，长大后就会惧怕社会。然而人是社会动物，你的价值必须在社会上充分展示，才能更好地实现。惧怕社会就无法验证价值，就容易造成"讨好型人格"或"索取型人格"。不管怎样，这对个体的长远发展非常不利。

因为原生家庭的影响，大多数社交敏感者不会自我管理，更不会管理别人。他们往往毫无影响力，因此难以胜任需要发挥影响力的岗位（比如销售、市场、商务、策划等）。社交敏感者的困扰之一就是希望赚到更多的钱，然而如果不改变现状，不尝试从事需要发挥影响力的岗位，就很难赚更多的钱，会一直在对内岗位上消耗，难以突破。所以他们之中大多数人最后会卡在职业瓶颈期——有的人觉醒了，迫切需要改变，却又无能为力；更多的人则无知无觉，自我麻痹，甚至自我欺骗。他们会在这种情况下麻木地结婚生子，然后在下意识中继续用父母对待自己的方式对待他们的孩子。最后，终于活成了当初自己最厌恶的父母的样子，等到20年后他们的孩子长大，继续重复他们现在的悲剧。如此恶性循环下去。

本书会一直围绕困扰社交敏感者的外界情况和内在情绪等各种问题进行深入剖析并探讨该如何逐渐改善。我们会看到，原生家庭对人的影响最终还是要回到原生家庭中去解决。

1.2

"作"体质：他对我果然不是真心的

社交敏感者的几乎所有人际、社交问题及由此带来的情绪问题，归根结底都是由于对"爱"认知不清造成的。本书后面的内容，将围绕此展开。在此之前，我们先来看几个案例。

1.2.1 "这不是折腾，这是验证对方爱不爱我呀！"

提到"作"，大家可能会立刻想到一个词——"作女"。其实这只是一种刻板的印象。

"作"的人不分男女，跟性别无关，跟性格特质有关。只不过遭遇原生家庭问题的案例中，女性占比高达 70% 以上。此数据来自我做自媒体 3 年接到的所有的跟原生家庭有关的案例的综合统计。原生家庭问题会让"作"体质者感到极度"缺爱"，所以其中相当一部分人就会从一个极端走向另一个极端。在家庭中得不到的，势必要通过其他方式填补。

无论男女，这类人从不信任任何亲密关系，也不相信任何人。他们必须要不断地折腾、蹦跶，反复验证，以证实对方是"爱"自己的。比如，我曾认识一个朋友小若，她就是这样的典型。

有一次，我俩逛街，她不小心崴了脚，立刻哭哭啼啼。"求安慰、求抱抱！"一会儿让我买饮料，一会儿让我拎包，就差让我背她了。后来我实在受不了，就把她男友叫过来了——我不能一个人被折磨。

男友一来，小若立刻开启"撒娇"模式，抓着对方的手臂哼哼唧唧地说："你怎么这么久才过来？你是不是不爱我了？我不管，我要补偿，你必须补偿我。"

小若不顾旁边还有我这么一个大活人，继续全情投入地折腾着她男友，把对方整得满头大汗，不知道该怎么着才好。

这画面太"美"，我不想看，于是我就走了。

后来我侧面跟小若沟通过，问她为何有些事情可以自己做却非要让男友做。她回答得理直气壮："因为他爱我呀！我就是要看看他有多爱我！如果没那么爱，我是要重新考虑的！毕竟追我的人那么多。"

我问："你有没有想过，到底怎么样算是爱？一味迁就、围着你转、任由你折腾，这就是爱吗？"

小若很惊讶："我没折腾他呀？我只不过是在试探他！男人很容易变心，这一刻说喜欢，下一刻说不定就不喜欢了。我怎么知道他会一直喜欢我？当然要抓住一切机会去验证啦！"

好吧，我明白了，在小若的逻辑中，"爱"等于"能时时刻刻接受各种试探、考验"，同时上述行为只是为了"获得安全感"，并不是"折腾对方"。

类似的案例，我还见过好几起，有大半夜非得让男友或女友去给自己买夜宵的，有生病了哭哭啼啼地不让对方去上班而是必须在家陪着的，有为了一点小事而大吵大闹且逼着对方道歉的，还有不管多忙都要对方必须随时接电话且聊半小时的……

有人说，这哪里是缺爱？真正缺爱的人才不会这样。他们早就知道折腾不可能得到任何回应，从来都是自己默默承担一切。

其实，"缺爱"往往有不同的体现，这一节我们说的只是第一种情况。注意，它不是因为在原生家庭备受宠爱而造成的，恰恰相反，它是小时候缺乏关爱造成的。

真正受到父母关爱的人，对他人有天然的信任感。这类人无论走到哪里，都会让人有踏实感。而"作"的人则不会，他们整个人就像浮在半空，你永远预料不到，下一刻他们会用什么方式对你进行"考验"，以证明他们自己的主观臆测。

他们潜意识里不相信自己会被爱，反反复复地考验并不是为了"得到爱"，而是为了让自己"失去爱"。这么说似乎有些难以置信，然而却是事实。

他们会不断折腾周围的人，直到最后对方精疲力尽，烦不胜烦，一走了之。等对方走后，他们又会说："看吧，看吧，他果然不爱我！没有人会爱我！"

1.2.2　你是"作"体质吗？

社交敏感者由于原生家庭的原因，会极度"缺爱"，并不断验证"世界上绝对不会有人爱我"这样的"结论"。我整理了这类个体的案例，发现了一些共同点。

1. 社交敏感者在孩童时期跟原生家庭的关系并不亲密

父母对他们缺乏关爱、关注、陪伴，他们唯有通过哭闹才能短暂吸引父母的目光。

2. 社交敏感者在孩童时期很少得到关注、关爱，极少时候才获得赞美、鼓励

这会导致他们成年后缺爱，并通过孩童时期习得的"经验"来参与社交："想要被关注就要多刷存在感，想刷存在感就需要提醒他人'我很重要'。"当这样的认知建立之后，他们就会想办法在每一个细节上都做出与常人不同的行为。比如会故意将肢体语言表现得很夸张，表现出过分的伤心感、过度的惊喜感，时时刻刻都在伪装。这是"戏精上身"吗？不，这是孩童时期留下的"经常被忽略、无视、冷淡"的阴影造成的。

3. 社交敏感者看上去很容易跟别人建立比较亲密的关系，然而内心深处拒绝所有人靠近

如果有人想要靠近他们，他们就会用各种"作"的方式推开对方。

4. 社交敏感者有较强的占有欲，并认为"占有等于爱"

"作"体质的社交敏感者希望无时无刻不在侵占对方的时间、精力，最好能把对方弄透支、搞崩溃，这样他就没心情去关注其他人了。为了达到这一目的，他们会想尽办法消耗对方，直到把对方的耐心或精力消耗殆尽，对方拔腿离开。然后回到前文所讲的那个验证——"看，他对我果然不是真心的！"

5. 社交敏感者依靠"不断索取"来企图获得"爱"

孩童时期的习得让他们知道：闹腾有用，想得到就必须不停地撒娇、哭、要，只有这么做了，父母才会稍稍满足自己的需求。然而只要恢复正常，父母立刻又无视自己了。

为了能获得更多的关注、爱和其他想要的，只能不停地折腾、持续地索取。这种习得待成年后也会一直存在，哪怕他们走入社会，参与成年人的社交，仍然会采取此方式获得他人的关注和关心。

6. 社交敏感者经常被社交人际困扰，做了很多，却总被人讨厌

"作"体质的人"戏多"，是希望能获得他人更多的关注，他们可以为此做足准备，关注每一个细节，然而最后却仍然经常被人讨厌，甚至遭到排挤或攻击。

绝大多数人不喜欢"作"体质者，这让后者很苦恼。他们的内心戏往往如下。

第一个自己："我觉得他们都会喜欢我。"

第二个自己："大家会喜欢我吗？"

第三个自己："看，他们都离我而去了，果然没人会喜欢我、关心我！"

第四个自己："不不不，我很棒，我还是觉得自己挺好的。是他们有问题，一定是的！"

第五个自己："呵呵，果然又招人讨厌了，他一定是在嫉妒我。"

第六个自己："我太糟糕了，所有人都讨厌我。"

"作"体质者看上去有些神经质，日常的内心戏大概就是在重复上述的几种状态，每重复一次，就会让周围的人焦头烂额。也正因为此，他们很难收获正常的人际关系，更别说是亲密伴侣了。他们在社交中总是觉得不安，既害怕被抛弃，又为了验证"果然会被抛弃"而进行各种尝试。

可以说，"作"体质者是可怜又无奈的矛盾结合体。

1.3

"逃"体质：不会有人喜欢我

"逃"体质指不愿意建立任何亲密关系，不信任任何人。

这类体质者即使有喜欢的人也不会去表白，看到欣赏的朋友也只是默默看着，很少主动联系。

他们更喜欢独处，社交人际只会给他们带来烦恼或焦虑。

1.3.1 不管怎样，逃了就安全了

如果"作"体质是镜子的一面，那么"逃"体质无疑是另一面。

后者与前者几乎拥有完全相反的特质，然而本质原因都是原生家庭有各种问题或者孩童时代缺乏关注、关爱、关心，或与父母沟通不畅。

小雅今年 26 岁，目前在某个中型企业做对内岗位。

前几天她跑来向我求助，问："怎么解决职场中人际关系的问题啊？我不太爱说话，在电梯间看到领导或同事，我都躲着走。我不喜欢跟别人打交道，而且我觉得他们也不太喜欢我。"

我给了她一些建议，但发现这些建议似乎并不是她所想要的。她表现得云淡风轻，但我却能感觉到，她内心似乎很苦恼、很焦虑。

于是我通过引导的方式又提了几个问题，才发现，原来她在公司被其他人排挤、孤立了。小雅并没有直接说，但通过她的描述，我很容易得出这个结论。

例如，其他人会一起用餐，但没人搭理她；其他人很开心地聊天，但只要她一开口，立刻冷场，然后所有人都兴致索然地离开；上下班路上，其他人都结伴而行，唯有她只能独行；其他人问询工作，被问询方都会予以解答，然而当她问别人事情的时候，对方却冷漠地回应"不知道"。

说着说着，小雅又聊到自己的另一个困扰：有个老同学，是个男生，总是给她发微信，约她一起出去玩，但小雅很讨厌他。

然后，小雅却林林总总地细数了这个男生的很多琐碎事情，比如他喜欢什么、讨厌什么、有什么爱好、日常都做些什么、口味是怎样的、爱看什么电影、他常听哪些歌单，诸如此类，如数家珍。

我听完后跟她说："亲，你这不是讨厌，你这是真爱。"

小雅连忙摆手否认："不不不，我不喜欢他，真的不喜欢！我讨厌他！"

我说："讨厌一个人是连看都不想看到，根本不会去关心他听了什么、看了什么、吃了什么。你仔细想想，当有人讨厌你时，他会对你的一切究根问底吗？即便会，也是抱着阴暗的心理整天监视你的一切，用贬损或批判的语气去进行否定。但通过你刚才的描述，我不认为你是在贬损或否定他，而是真的喜欢他。"

小雅想了好久，模棱两可地回答："可能吧，可能是喜欢，我分不清。我忍不住就想关注他的一切，可也仅此而已，并不想更进一步。"

小雅不想跟对方建立比较亲密的关系，这一点不仅仅体现在恋爱上，在交友方面也是如此。

小雅有个好朋友，两个人从小学时就在一起玩耍。开始的时候，一切都美好，但后来小雅的父母总会嘲讽她、打压她，说她成绩不好，做得不好，一都不好。

父亲总是冷冰冰的，经常给她泼冷水。母亲絮絮叨叨，经常当着小雅的面夸赞别人家的孩子如何如何，一边说一边向小雅抱怨自己的困难、恐惧、焦虑、烦恼。母亲消化不了的，都扔给小雅，导致她小小年纪就活在各种负能量之中。

小雅虽然成绩还可以，但是当面对比自己成绩好的好朋友时，就会产生深深的自卑感。于是高中毕业后，小雅逃也似的去了远方的二本学校，好朋友则考入了一所国家重点大学。

两个人断联三年，但因为她俩的父母是同事，也断断续续知道对方的近况。

后来小雅大学毕业，找了一份非常普通的工作，赚取微薄的月薪，好朋友却考入了美国一所学校的研究生。

当好朋友辗转得知小雅的联系方式时，数次表达希望能恢复昔日友谊，甚至还说要给她寄礼物，要把断联这些年的生日礼物一次补足给她。然而小雅不敢接受，她觉得自己是糟糕的、卑微的，配不上那么优秀的朋友。直到现在她也没有回复对方，彻底逃了。

1.3.2　你是"逃"体质吗？

小雅的故事并不是个例，很多社交敏感者都是由于原生家庭的原因，被父母在无意识中投射了太多的负面情绪。他们成了父母眼中的另一个自己，集所有自己不喜欢的特质为一体的一个复制投影。父母不高兴就拿孩子撒气，遇到挫折也要怪在孩子身上。

长年累月积压下来，孩子的主人格被逐渐吞噬、覆盖，只留有父母强制灌输下的阴影，导致他们认为自己就是那么糟糕的人。

我遇见过一些"逃"体质的下属，小可就是其中之一。她刚来的时候不熟悉团队，也不熟悉工作，我希望能尽量帮她。

然而每次当我问她是否需要帮助，她都连忙摆手，说："不需要，不需要！"

吃午餐的时候大家喊她"一起去吃呀！"，她也总表示："我自己带饭了"。

年末评优秀员工，其他人都积极地写报告，只有她表现得很闷，甚至数次因此而想要辞职。深入询问后我才知道，原来她不想写报告，更不想评"优秀"。

后来我还是鼓励她写了述职，并帮她争取到"年度最勤奋员工"的称号，发了几千元奖励。但小可并没有表现得很高兴，纠结了好久，她最终还是跑来跟我说："下次还是给别人吧，我觉得自己还有好多做得不好的地方。"

无论团队其他成员还是我自己怎么鼓励她，她都始终不相信自己真的值得被称赞。后来我得知，她的原生家庭也是问题多多。小可的父亲在她上初中时病逝，母亲一直都是情绪化的，暴躁易怒，经常砸东西，斥骂她。

她母亲的控制欲非常强，导致她遇到事情唯唯诺诺，不敢说出自己的看法。她一方面不敢拒绝他人的要求，表现出讨好型人格；另一方面担心如果将要求说出来，就会因此而惹人厌恶。

渐渐地，小可自己也发现了这些问题，认为不能继续下去了，想要努力地改善，克服自卑、怯弱的心理。

原生家庭对社交敏感者造成的影响可能是终身的。有一句话，我觉得很贴切：幸运的人用童年来治愈一生，不幸的人用一生来治愈童年。

"逃"体质者最极端的体现是这样的："我是'逃'体质，我连说都懒得说。"他们一方面抗拒建立亲密关系；另一方面却又希望他人能够守在自己身后，否则就会感到怅然若失。然而就算失落，他们也不去表达，只是自己默默承受。

"逃"体质者在孩童时期经常被贬损、打压。"于一片不待见、谩骂、挖苦中长大"是对他们童年生活的最好总结。

"作"体质者只是没有感受到足够的关爱而已；"逃"体质者则要悲剧得多，不仅没有被关爱，还经常被精神压迫，甚至被施以肢体暴力。

上述案例中的一大共同点就是当事人曾经被父母完全嫌弃，时间久了连自己都认为"我是多余的，我太糟糕了"。这种认知会伴随终生，除非有意改善，否则将一直自我厌恶下去。

他们与原生家庭关系紧张，倾向于离家远远的。当与原生家庭出现问题时，他们立刻就想跑，只知道用"逃跑"掩盖问题，而不是正面对待或正面解决。

他们从不认为自己能得到"爱"。如果有人想要亲近，就会厌恶对方。我见到的案例中，有不少当事人就算组建了家庭，也很快就离婚了。他们受不了亲密关系，发自内心地产生厌恶、抗拒的情绪和行为，只想一个人。他们很难真的喜欢谁或爱上谁——虽然期待被人喜爱、关心，然而潜意识里始终是抗拒的。

孩童时期的经历让他们产生了一种臆想："有人靠近你，你必将受到伤害。"为了自我保护，他们将自己缩在壳子里，与外界彻底隔绝。

他们极度压抑对"爱"的需求，连自己都很难发觉。表面上看，"逃"体质的人根本不需要爱，他们拒绝一切亲近和好意，也很难接受帮助及夸赞，然而内心深处却非常渴望得到这些。说"闷骚"不太恰当，这种状态更像是"拧巴的两面体"，表面说着"不要不要"，心里期盼的却是"来吧来吧，不要离开"。他们找不到获得"爱"的途径，孩童时期从没成功得到过，成年后索性不想要了。

他们具有社交恐惧症，好的机会永远与他们无缘。比如前面案例中公司职员小可，因为从来不敢主动争取，也不敢说出需求，所以几乎一切好事（升职、加薪、评先进）都跟她无缘。如果帮她争取，她还会抗拒，表示："我不行，我真的不行，你干吗要给我评先进啊？我配不上的！"时间久了，别人也懒得管了，爱谁谁吧。于是"逃"体质的人就会恶性循环下去，一边自己郁闷，一边继续与好的机会绝缘。

1.4

"受"体质：他之所以这么做，可能是因为太喜欢我了

有一类社交敏感者是这样的：对方越是不待见他或对他不好，他越希望通过自己的付出和讨好来获得对方的认同和关注。

他们极度渴求得到"爱"，为此可以付出一切。但如果对方忽然对他们好，开始关心或关注他们，他们又会立刻离开，因为他们会认为，那不是真心的，那是对他们的欺骗和嘲讽。

1.4.1 亲密关系，痛并快乐着

小兰每次谈男朋友，都会被虐得体无完肤，财色两失。最近她又被一个男朋友骗了几万元，对方在拿到钱之后，直接消失不见了。

在此之前周围朋友们都看出苗头不对，非常委婉地提醒过她，然而她根本听不进去，不断秀恩爱，还说："我就喜欢这种冷冷的、酷酷的男人。"

朋友们听了直翻白眼儿："姐们儿，人家那不是酷，而是根本不待见你，好吗？"但这种话只能心里想想，明面上谁都不会点破，于是眼睁睁地看着小兰一次又一次地被伤害、被欺骗，却毫无办法。

后来我才知道，原来小兰的原生家庭也是有一些问题的。她的父母非常喜爱弟弟，从小把弟弟带在身旁，将她留在老家。爷爷带她，几乎不管，散养。小学时她很不幸地遭到邻居猥亵，持续了数年之久，跟谁都不敢提及。

上高中后，她才终于被父母接到城里，然而母亲对她很不好，动辄对她斥骂、苛责，对弟弟却百般宠爱。小兰觉得可能是自己哪里做得不够好，于是越是这样，越付出诸多，想尽办法讨父母喜欢。

后来她上班，月月把工资都寄给家里，总算获得了父母的一点点夸赞，为此她开心了好久。而在恋爱和交友方面，她也是典型的"讨好型人格"，对任何人都特别好，对他人几乎有求必应，毫不吝啬地付出，且几乎没对任何人提出过自己的需求。

这次她被骗，不会是最后一次，大家都知道她将在这条路上继续狂奔下去。

我还曾经目睹过一起家暴，受害者被继父殴打，有一次被打得住院。那时她对自己说，长大以后绝对不会跟这样的男人在一起。

结果长大后，就不是这么回事了，她陷入了"盲目讨好"的怪圈，性格懦弱，没有主见，唯唯诺诺，优柔寡断。她只谈过一个男友，并因为不堪忍受继父的殴打而闪婚。本以为婚姻是避风港，没想到只是从狼窝里出来却又进了虎穴。

然而令人惊讶的是，她并不想离开，反而经常在被打之后跟我们说："他就是脾气不太好，其实对我还是很不错的。"

真的，你不是唯一一个目瞪口呆的，实际上当我们听到她这么说时，也都目瞪口呆！

上面两个是喜欢在情感、婚姻中"被虐"的，我还见过更多是在原生家庭中"被虐"的。

1.4.2　被伤害总好过无存在感?

"受"体质的人跟"作"体质的人有些类似，都是极度缺爱，同时又极度希望得到爱。他们对"爱"的执念成了人生前行的最大阻碍，屡战屡败而又屡败屡战，永远不肯死心，会不断反复地在同一类事情上跌倒，始终都走不出来。

这类社交敏感者是最容易在人际、情感等关系中受到伤害的。一方面源于无止境的付出，另一方面则是极度压抑自己的需求和感受。

"作"体质的人一边折腾自己，一边折腾别人；"逃"体质的人默默压抑自己，远离众生；唯有"受"体质的人是通过拼命折腾自己来企图成全别人，悲剧的是，最后还往往更加被嫌弃，更加被认为是理所应当。

"受"体质的社交敏感者在孩童时期受到的伤害往往是最深的。典型案例就是《复仇者联盟》中灭霸的养女星云。她从小被养父虐待，受尽折磨，然而越是这样，她却越希望获得对方的"爱"。她不惜一切，卑微至极，企图用这种方式讨好对方，然而等待着她的永远都是失望和再次被伤害。通过上述案例也可以看出，与前两种体质者不同的是，"受"体质者不仅孩童时期被忽略、无视、冷漠对待，被言语苛责、谩骂，还可能经常承受肢体暴力甚至被猥亵或被凌辱，说是在黑暗深渊中长大也不为过。

"受"体质的社交敏感者跟原生家庭的关系更类似于"痛并快乐着"，一边承受着痛苦，一边自认为"家人还是爱我的"。原生家庭对他们往往是"打个巴掌，再给个甜枣"。为了这个甜枣，"受"体质的人可以倾尽一切地付出，如果稍有不满，内心就会生出罪恶感和愧疚感，总是忍不住回想起父母对自己的"好"，并不断麻痹自己："他们也有好的一面，他们都是爱我的。"这种矛盾导致他们每次试图反抗的时候，都会自己先败下阵来。受困于情感、道德及寥寥无几的"美好"回忆，打了又好，好了又打，没完没了地缠斗下去。

"受"体质的社交敏感者认为唯有不断地付出、奉献，挤压自己而成全他人，才能获得"爱"。他们具有异于常人的忍耐力及毅力，每当发生问题时，首先做的一定是挤压自己的需求、感受，将不爽和憋屈藏在心底，表面还要装作"我很好，我没事，这样做，你开心了吗？"的样子。他们认为这样才能让别人喜欢自己，否则就会众叛亲离，遭到所有人的抛弃。

"受"体质的社交敏感者无时无刻不在渴求"爱"，所以就会无时无刻不在对他人付出。这几乎已经成为他们生命中的一大习惯，每时每刻都要替周围人着想，生怕惹他人不高兴。他们习惯性地付出，只是因为他们真的很希望周围人能稍微停下来，给他们一些关注和关爱。然而若其他人真的这么做了，他们会立刻拔腿就跑——他们无法接受"真的会有人喜欢我、爱我"这个事实，反而会将对方远远推开。

"受"体质的社交敏感者在社交中往往没什么存在感，经常被挤兑、被占便宜，不敢主动提要求。"受"体质的人在社交中很容易吃亏，并经常被他人盘剥价值。然而即便被盘剥了，他们也不敢明着反抗，只能心里暗自不爽。他们不敢直接提出自己的要求,也不表达真实的需求和感受。面对他人时,他们的内心往往处于"你开心就好"的无奈状态中。

小　结

我们来看一下三种体质者在不同方面的区别和共同点。

1. 三种体质者的主要特质

"作"体质者在孩童时期经常被忽略、被无视,"孤独"成了成长过程中最困扰自己的问题。成年后,为了让自己在社交中有存在感,获得更多的关注、关心、关爱,于是"上演"了一出出的表面戏和内心戏。

他们有较强的占有欲,喜欢对方就希望占有对方的所有,包括时间和精力。他们不能接受独处,如果一个人待着,立刻就会觉得无所适从、没着没落。

"逃"体质者在孩童时期不仅被无视、被冷漠对待,还经常受到父母的言语伤害。"总是被否定、总是被拒绝"是他们成长过程中最困扰自己的问题。

成年后,他们很少说出自己的需求、感受,也从不奢望能得到他人的关心、关爱、鼓励或赞美。他们认为这些天生跟自己绝缘——自己如此糟糕,只配被大家嫌弃。

他们大多数有比较严重的社交恐惧症,在人群中容易感到紧张,时常被失眠、噩梦困扰;拒绝建立任何亲密关系却又渴望有人守护或陪伴。

他们喜欢独处,一个人的时候才会觉得放松。

"受"体质者在孩童时期不仅被冷漠对待,动辄遭受谩骂或否定,还长期遭受身体的伤害。"如何才能少受折磨、获得父母的爱"是困扰他们成长的主要问题。

成年后,他们就会倾向于通过挤压自己和盲目付出来讨好周围人。很多"受"体质者有严重的自我厌恶心理,同时又会经常麻痹自己,认为"我很棒"。他们的情绪起伏比较大,非常害怕独处。

三种体质者的特质见表 1-1。

表 1-1   三种体质者的特质

人　　格	特　　质
"作"体质	爱刷存在感，戏多，闹腾，外热内冷，占有欲强，害怕独处
"逃"体质	无存在感，害怕或拒绝亲密关系，时常感到孤独，对社交感到焦虑，容易紧张，容易失眠或做噩梦，社交恐惧，喜欢独处
"受"体质	讨好型人格；越被虐，爱得越深；用付出换取关注和"爱"；自我质疑却又容易陷入"我很棒"的假象，是矛盾结合体；情绪化；害怕独处

2. 三种体质者的最大困惑、表现症状及社交体现

"作"体质者的最大困惑可以用歌名来概括：《你到底爱不爱我》，经常会陷入自作自受的状态。

他们在社交中的体现就是戏多（非贬义）。

"逃"体质者的最大困惑可以用歌名来形容：《冷酷到底》。每当感到困扰、纠结、孤独时，他们都会独自忍受。

他们在社交中的体现是"离我远点儿"。

"受"体质者的最大困惑可以用歌名来概括：《死了都要爱》。发生任何事情，他们都会逆来顺受，牺牲自己，成全别人。

他们在社交中没有自我，总是希望满足他人的任何要求，一切以讨好对方为最终目的。

三种体质者的最大困惑、表现症状及社交体现见表 1-2。

表 1-2   三种体质者的最大困惑、表现症状及社交体现

人　　格	最 大 困 惑	表 现 症 状	社 交 体 现
"作"体质	《你到底爱不爱我》	自作自受	戏多
"逃"体质	《冷酷到底》	独自忍受	离我远点儿
"受"体质	《死了都要爱》	逆来顺受	你快乐所以我快乐

3. 三种体质者会遭遇怎样的情绪影响?

"作"体质者由于孩童时期原生家庭的影响,经常会被伤到——这些伤害大部分来自自身。他们总是为"该怎样做决策"而烦恼,有时实在不知道该怎么办,就索性拖延。

"逃"体质者经常因为人际关系而感到消极、沮丧、自卑,总是觉得自己很糟糕。如果被人赞美了,他们会立刻跑远,并对此表示质疑,甚至认为对方的夸赞是在嘲笑自己。

"受"体质者在人际社交中总是感觉憋屈、恐惧、压抑,时时刻刻害怕被嫌弃、被抛弃,更害怕遭到伤害、背叛。他们的负面情绪非常多,然而外表却苦苦隐藏,不想让别人知道。

4. 三种体质者的情绪影响与共同点

这三类社交敏感者都对外界的反馈高度敏感,有时别人一个不经意的眼神、动作都能让他们的整个世界坍塌。他们几乎质疑所有的人际关系,毫无安全感,总是充满紧张和不安。

三种体质者的情绪影响与共同点见表 1-3。

表 1-3　三种体质者的情绪影响与共同点

人　格	情　绪　影　响	共　同　点
"作"体质	内心戏丰富,选择恐惧,容易伤感	对外界反馈高度敏感; 质疑一切; 毫无安全感, 总是感到紧张和不安
"逃"体质	容易感到消极、沮丧、自我厌恶、自卑	
"受"体质	经常感到憋屈、恐惧、压抑,害怕被抛弃	

"作"体质者企图通过"不断索取"获得关注和"爱"。

"受"体质者企图通过"不断付出"获得关注和"爱"。

"逃"体质者时常处于"厌世"状态中,既不敢付出又不敢索取,于是从来不敢奢求能得到关注和"爱"。

1.5

如何面对原生家庭？

社交敏感者对情感的处理方式会影响他们的学习、工作、社交、恋爱等方方面面。而这些归根结底都是原生家庭及孩童时期的经历造成的。

哪里受到影响，就要回到哪里去解决。无论"作""逃"还是"受"，都不是解决问题的好方法。

如果希望缓解人际现状，那么必须回到原点，学会如何面对自己的家人。

比如有个小伙伴，当年她面对原生家庭，选择了逃避；后来走入职场，每当出现问题，她就选择"辞职"；当问及"为什么不尝试通过沟通去解决"时，她回答："我觉得沟通没有用。"

"为什么你觉得沟通无用？"

"大概是源于，小时候跟父母做过很多次沟通，但每次都被粗暴打断、否定、打压。"

因为孩童时期跟原生家庭出现了"沟通"的问题，且没有解决，所以成年后遇到类似的事情，还是不知道该怎么办。

俗话说得好：从哪里跌倒，就应该从哪里站起来。如果我们在原生家庭遭遇冷漠、忽略、伤害、侵害，那么就必须回到原生家庭，从此处入手去解决，这样才能彻底改善情绪问题。

"作""受""逃"体质者在面对原生家庭问题时，有四大困扰。

• 该怎么跟父母正常沟通？

- 要不要中断往来？彻底不管，会有愧疚感；管了，又觉得委屈。
- 要不要服从他们的意志？不服从，害怕他们伤心（或根本不敢反抗）；服从了，自己又郁闷。
- 到底是该恨他们还是该爱他们？要不要原谅他们？

接下来我们主要围绕这四大困扰逐一阐述解决办法。

1.5.1　怎么面对无止境索取的父母？

常见的案例包括但不限于以下。

——父母对你的要求非常严，各种苛责，希望你是完美的。

——父母希望你能给予更多，牺牲更多，奉献更多。若不给，就是"不想给""不孝顺"。

——有些父母会有"撒娇"倾向，通过卖惨、强制付出、情感绑架、装作一个人孤苦伶仃等各种方式，不断地向你索取"关心、关怀、关爱"。

遇到这种情况应该怎么办？

如果无止境地给予、付出，不仅会非常辛苦，占用大量时间和精力，而且会无法有效地积累个人资产。

上述都不是事儿，如果你爱自己的父母，心甘情愿这么做，那么无可厚非。然而"作""受""逃"体质的人却很纠结。例如：

他们说不出是"爱"父母，还是"恨"父母。

他们对父母的感情特别拧巴——又爱又恨，又依恋又嫌弃，既保持希望又感到绝望，既希望跟他们的关系缓和又觉得还是"老死不相见"更好。

一边拒绝，一边愧疚；一边争吵，一边伤心。

这种心理伤人伤己，得不偿失。有时候受不了了，就跑了，躲到其他地方，下半辈子都在这种拧巴的状态中一个人默默疗伤。

我们可以试着通过以下方式来改善。

1. 给自己设定一个"付出底线"

在能力范围内，给父母付出多少，才能降低愧疚感？

"我只能做到这一步，再多就会影响自己的生存。如果我过得不好，以后拿什么保障你们的养老？"

当父母的索取超过这条线时，就要果断拒绝。这样能有效避免纠结、拧巴问题。比如，父母希望你帮他们买一款最好的冰箱，总价是 1.5 万元，但你每个月只能赚1.2 万元。这时我们可以算一笔账：一年收入 15 万元左右，到手约 10 万元，除去房租、交通、通信、生活必要开支等，每年最多能攒下 5 万元。

这时我们可以将"为父母付出的底线"进行量化：每年最多为他们的索要支付3 万元，超过这个额度就会影响自己的生活质量，就要立刻打住。

完成上述这个步骤后，如果父母再来跟你索要，你就可以有理有据地跟他们解释，并明确表达："我今年只有 3 万元可以用来孝敬你们，如果买冰箱去掉 1.5万元，那么就只剩 1.5 万元。再多的话，无论如何我都不可能拿出来。到底是不是必须要买这款冰箱，你们自己决定。如果真的需要，我就去给你们买。"

这样一来，自己既不会感到愧疚，又不会因此而影响自己的生存、生活。

明确了边界，让父母得到有理有据的解释。哪怕一时半刻他们无法接受，但只要你坚持这么做，早晚有一天，能够改变他们的认知和观念。

2. 尽可能将"付出底线"量化处理

上面案例中提及，将"付出底线"进行量化，有助于在面对父母无止境的索取时，快速做出最有利于双方的而不是损己利人的决策。

可以量化的指标包括但不限于以下四条。

- 你能为他们支付的金钱上限是多少？
- 你能为他们支付的时间上限是多少？
- 你能为他们支付的情感上限是多少？

比如有的人一方面不想看到自己父母，另一方面又总觉得放心不下。这时可以给自己规定，每个月的月末，跟父母视频一次。视频时间不超过 20 分钟，谈话内容必须限制在正常范围内。一旦对方说出某些让你不开心的话，你有权随时中止，并等到下个月的月末再继续恢复联系。固定的时间、固定的联系方式与固定的沟通内容，通过长期反复的灌输，循序渐进地对父母进行改变。

- 你能为他们支付的"原谅"上限是多少？

即便是父母，自己也没有责任和义务一直原谅他们，给自己设置一个"原谅"的上限，并将这件事开诚布公地跟父母沟通，说明白，表达清楚。

首先，你仍然是爱他们的，也仍然愿意原谅他们对你的伤害或侵害。

其次，你的底线在哪里？当他们做到哪一步时，就会永远失去你？每当他们再一次伤害你时，立刻提出"黄牌"警告："现在你们在我心里又减了 10 分，你们的剩余分数是 40 分；但如果你们能意识到自己的问题，愿意跟我好好沟通，那么可以加分。"

提出警告，提示剩余信任值、分数值，这非常重要！

最后，给自己留有余地，当他们耗尽了分值时，不意味着你要憎恨他们。这时我们最需要做的是彻底放下他们、放下过去，让自己坚定地向未来走去。

注意：上述可以按月、季度、半年、年进行划分。

3. 父母的索要真的是刚需吗？

前面提及的案例中，父母要求买最好的冰箱，这很显然不是刚需。那么，当出现某些你认为是"特殊情况"的状况时，又该怎么衡量？比如父母借钱给弟弟读大学，然后又借钱给他买房。其他亲戚来找父母要钱，父母拿不出，就跑来找你"借"，并希望你能出一部分钱来资助弟弟结婚。这时看上去"情况特殊"，但这是刚需吗？

其实，是不是刚需很难有个统一、客观的评估标准。有人认为"欠债还钱"就是刚需，也有人认为"房子又不是非买不可，怎么能算刚需？"。

见仁见智的事情让人无法统一评判到底该怎么做，这时我们只需要想明白一件事就可以：你到底要为父母付出到哪一步，今后当二老不在时，你才能保证自己绝对不会因此而后悔？

想明白这个问题后，到底该怎么做，答案自然明了。

记住：很多时候，为父母付出并不是完全地奉献自己，更多的是为了让自己内心安稳、踏实，得到满足和安慰。如果付出了能让你心里好受些，那就付出，否则就果断拒绝。

不管怎样，切勿让"付出"成为永无止境的事情，一定要记得设置"付出底线"！

4. 不要让父母觉得你的付出是"廉价"的

设置"付出底线"的重要性在于：人们往往对唾手可得的东西毫不珍惜，得到越多，就会索要更多。欲望永远不会被满足，索取永远没有"够"的时候。这是人性的特征。所以，不要让父母觉得，你的付出是可以无止境的或十分"廉价"的。

每当你付出时，一定要提一个条件——这个条件要让对方容易达成，而且达成的过程不要太复杂。比如，父母让你给弟弟买车，这时你可以提出条件："半年内你们每周给我发微信，关心一下我。"

父母找你要最好的冰箱，你也可以提条件："你们帮我做一道我最喜欢吃的菜吧——哦，你们可能都不知道我最喜欢吃什么，要不挨个试试？"

每周给你发一条微信表达关心，或为你做一道爱吃的菜，这些都不是过分的要求，而且非常容易达成。相对于他们对你的索取，你提的条件几乎可以说是非常"低要求"的。两相权衡，对方拒绝的可能性就会大大降低。

一定要让对方先满足你的条件，你再去满足他们。否则，若不敢跟父母提条件，不敢跟他们进行"交换"，要了就给，要一百次就给一百次，那么对方只会认为你的付出毫无价值，根本不会珍惜，反而还会认为你做得仍然不够好，你不关心他们，你给的不够多，你还能给更多。长此下去你就会把自己累死，怨念满满，对方还完全不领情。

那么，如果父母此时坚持反对，讲一堆大道理，拒绝任何交换，怎么办？

我们只需要重复使用一个话术即可："是，你们都很不容易，你们说得都有道理。我希望得到的是×××（重复自己的要求），你们这么爱我，一定不会为此而计较的，对吧？"

无论父母说什么，我们都要先认同，再坚持重复自己的主张。

注意：这么做不是为了跟父母较劲，而是通过一些方法，在能力范围内尽可能做到让双方都有所得，且对方不会把你的付出视为"廉价"。

1.5.2　怎么面对喜欢对子女讽刺或谩骂的父母？

有些父母喜欢对自己的孩子贬损、讽刺、谩骂、侮辱，这时，"断绝联系"绝对不是好的解决方法，否则未来当你进入职场，遇到这样的同事、上级、客户，也同样拿不出好的应对方法。

1. 父母对子女的贬损及"看不上"，大多数源于对自己"无能"的憎恨

这是"无力感"的一种体现，简单来说，就是他们潜意识里认为自己不具备

某方面特质或能力，但是毫无办法，于是就会将消极情绪投射到子女身上，以打压子女作为宣泄出口。

比如，赚钱能力平平的父母，往往喜欢讽刺子女："一事无成。"

学习成绩一般的父母，往往喜欢批评子女："你怎么这么笨！"

社会人缘一般的父母，倾向于骂子女："你到哪儿都不受欢迎，你有问题，你不正常，被欺负了应该反省的那个人是你自己！别人怎么不被欺负？"

解决问题能力不怎么样的父母，可能会贬损子女："没个眼力见，跟个傻子似的往那一站，天塌下来也看不见！"

弄明白这件事很重要！它告诉我们：被父母谩骂、批判，不一定真的是你在这方面有问题，往往是因为他们自己在这方面不怎么样，甚至特别糟糕。

再来举个类似的例子：我们经常看到伴侣之间互相指责，男方指责女方"不顾家、不做家务"，女方指责男方"没本事、不能赚钱"。

要知道，指责女方的男方，他自己往往是不怎么顾家，也不太能做家务的——如果自己顾家，自己可以做家务，他就自己做了。自己动手，丰衣足食，根本没必要指责别人。正因为潜意识里知道自己不行，但又希望极尽所能去掩饰，所以才要通过"把缺陷投射到他人身上并进行指责"来彰显自己的优秀或正确。

同理，指责男方的女方，她自己往往也是赚钱能力一般、事业水平一般的——如果真的能做好，她自己就去做了，没必要指责周围人。

大家可以认真观察一下，生活中这类现象比比皆是。

下次，当你再次面对父母的贬损、谩骂时，知道该如何调整心态了吗？是的，当他们指责你时，并不一定说明你是不中用的、无能的、一无是处的，反而说明他们自己在这方面可能做得非常一般。

职场中，这个道理也能适用：拥有高超沟通技巧、管理能力的人，是不会轻易对他人进行贬损打压、谩骂侮辱的。唯有当他自己无能为力却又总希望获得掌控感、权威感时，他才会吆五喝六，指手画脚，对周围人严苛要求，并经常以"批评、贬损、否定"的方式打压别人。

2.让对方给你做"亲身示范"

面对父母长期的语言暴力，首先我们要摆正心态，力求做到让自己不生气、不郁闷、不苦恼，不因此而影响情绪，不自我怀疑，更不自我厌弃。

接下来要做的则是"反将一军"："您说得都对，在这方面您真的是我的榜样。您觉得我应该怎么做才是最好的？做个示范，教教我呗？同样的事情，您会怎么处理或如何应对？"

"反将一军"的目的并不是让父母气急败坏，而是让他们意识到："咦？让我示范？呃……我自己也不会，我不知道，我不是，我没有，我做不好……但是，不能让孩子知道！否则我就没有面子，失去权威了！"

于是他们可能会更加跳脚地对你进行指责或者反驳："如果我来处理，我就这么做，肯定做得比你好！"然而实际上，他们的那套可能根本行不通。

3. 敏锐地识别逻辑谬误，敢于表达自己的真实感受

小红的父母经常否定她，有一次说她学 CFA（Chartered Financial Analyst，特许金融分析师）什么用都没有，想法太幼稚，就知道浪费钱。

小红很不高兴，质问父母为何总贬低和否定自己。

父母理直气壮地回答："说话直接也成贬低了？虚伪的夸赞，你才喜欢听？说话直是为你好，虚伪地夸你是在害你，你要哪个？我没打压你，只是说出事实，这样也不行了？"

小红很生气，总觉得哪里不对，却又说不出来。

实际上，她父母的思维是有逻辑谬误的，是典型的"非黑即白二元论"。他们只给小红两个选项：虚假的夸赞、真实的贬损。然后强迫小红二选一。实际上，双方的沟通完全还可以有第三、第四、第五种选项，每一种都比上述的那两种更好。

这时该如何回应？

（1）勇敢表达自己的不满："你让我不舒服了，所以我要求你改变说话方式。真诚不等于情商低，为我好不等于要让我有糟糕的体验。"

（2）说出自己能接受的方式："我只接受鼓励与赞美，如果遭到贬损或打压，我就会消极抵抗，产生逆反心理，不会按照你说的去做。如果你想劝说我，请有理有据，有事实有数据，不要用贬低或否定的方式跟我沟通，否则我不接受。"

（3）指出对方的问题："不要再打着'为我好'的旗号对我的学习、工作进行贬低或否定，否则你怎么对待我，我就将怎么对待你。"

4. 千穿万穿，马屁不穿

固执的父母不肯正视自己的缺陷和不足，认为一切都是子女的问题。这时短期内是无法改变他们的，我们可以采用"迂回路线"。

当你对父母"反将一军"，让他们做示范，被他们粗暴拒绝或气急败坏地加倍指责时我们可以使用一个话术："你说的话似乎有道理，可我还是觉得自己挺棒——毕竟我是你们生的，你们都这么优秀，我当然也优秀了。"

这个话术用在职场也适用，当上级喜欢批评别人，你让他做示范，他又转移话题时，我们就可以采用"拍马屁"策略："您说得都对，但我觉得自己也有做得不错的地方——毕竟是您带出来的，您能力这么强，我自然也跟您学了不少嘛！"

5. 帮助父母重新找回自己的"优秀特质"

喜欢骂人、贬损子女的父母，通常是因为不知道自己"到底哪里优秀"，于是只能通过不断踩低子女来彰显优越感，一再验证自己比子女强。一方面是因为安全感缺失；另一方面是对"家长权威"有执念，一定要处处压制子女才可以。这时想要缓和双方关系，改善自己的处境，就需要利用"夸赞"的方式。

注意：不要一上来过分夸张地赞美，否则对方可能会认为你是在讽刺他。妥当的方式是循序渐进。

父母："你这里这里不好，那里那里不行！"

你："咦，我忽然发现，你真的很勤劳，而且做事很仔细。这是优点，我要向你多学习。"

技巧：转移话题 + 适当认可。

等到下一次被父母嘲讽、否定时，继续对对方某项优点进行深入挖掘。

父母："你跟个傻子似的！"

你："上次说到我发现你做事非常细心，后来我认真观察了一下，发现你是这么做到的……我总结得还挺全面吧？这个优点了不起，好多人都做不到呢！"

接下来，每次父母对你实施言语攻击时，你都可以用"转移话题 + 重复对方的同一项优点"来进行应对。一方面转移父母对你的"缺点"的关注，另一方面让他们意识到自己是有优点的。让父母的潜意识不要再盯着自我的阴暗面不放，而要多关注自己正面、阳光、优秀的一面，同时我们对自己也应该这么做。

　　喜欢对子女贬损、谩骂或进行言语攻击，说明这类人的内心并没有完全成长起来，也没有真正"成熟化"。他们还在依靠孩童时期简单粗暴的方式去处理亲密关系，应对生活中遭遇的各种问题。屡战屡败，处处不如意，于是充满了怨气，最终将怒火一股脑发泄到子女身上。

　　在这种环境下成长起来的个体，长大后也同样不会处理问题，不会应对矛盾；当遭遇他人的言语攻击、否定打压时，要么粗暴地怼回去，要么远远逃开。等到他们有了孩子，同样的悲剧很可能再次发生。

　　所以，如果你孩童时期被父母粗暴对待，这个问题必须解决。我们采取一些方法来改变自己的心态，改变对方的思维和认知，并在这个过程中，和父母开启新的一课，共同成长。

1.5.3　如何面对控制欲强的父母？

　　前文案例中，很多父母都属于控制欲极度旺盛的类型。此类原生家庭长大的孩子，成年后要么过于叛逆，只要是权威就想下意识反抗（多表现为听不得任何反对意见，只要与自己看法不同，就认为对方是在否定自己），要么唯唯诺诺，不敢说不敢做，没有主见，丧失独立人格和自主意识。

　　想改善上述问题，就要先回到原生家庭，学会面对这样的父母，否则未来进入职场，发生类似的事情，自己还是处理不好。

1. 控制欲强源于贪婪

　　我们必须先明确一件事：控制欲是不是"实施攻击行为"的一种？

　　很显然，它是属于"实施攻击行为"范畴的。控制欲强的人往往什么都想要，欲望永无止境。他们希望把一切都牢牢掌控在手中，并对自认为的"彻底的弱势"持天然的轻蔑态度。

　　什么是"彻底的弱势"？一个农民，低收入，无权无势，是"彻底的弱势"吗？

　　不一定——这完全取决于他是否知道为自己发声，以怎样的形式发声。如果他选择"努力工作＋呼吁加强农民社会保障"，这时绝大多数人并不会对他实施"攻击"。

　　为什么？

因为某种程度上，他是"强大"的——精神力强大，努力，上进，哪怕生活艰难，仍然在努力劳作。

但如果一个农民，他卖血、卖肾去买手机、玩游戏，甚至还嚷嚷着国家给他的福利太少了。这时会怎样？

对，他会被绝大多数主流价值观者抱团"攻击"。

因为此时他不仅身份弱、收入弱，连思想、思维、价值观、行动力都是弱的。他为自己发声了，然而发声的角度、切入点都是弱的。

"彻底的弱势"表现为放弃为自己发声，放弃努力挣扎，放弃改变，放弃一切新的可能或机会，自觉自愿沉入深渊。这就是大众眼中的"绝对的弱势"，简称弃疗，无可救药。

如果你在父母眼中成为"彻底的弱势"，那么毫无疑问，他们一定会通过实施操控来对你进行"攻击"。毕竟，控制欲是人的本能欲望之一，每个人都有这种欲望，区别只在于是向内（自控）还是向外（控他）而已。

从小被原生家庭操控、打压、否定的个体，长大后更倾向于过分自控。他们严格纠察自己的一言一行，遇到问题就会习惯性地认为错的是自己，并由此陷入自我厌弃中。

自认为非常聪明、优秀的个体更倾向于操控他人。他们严格纠察别人的一言一行，总企图利用方法或手段施加影响，操控别人的决策。当这类个体遇到问题时，会习惯性地将所有责任推到他人身上，还理所当然地认为，一切都是别人造成的，与自己无关。又因为他们觉得自己"非常优秀"，所以总觉得外界给予自己的回报太少，内心失衡感严重，必须要将一切握在手中才可以。

2. 怎样才能阻断父母的"贪婪"？

此处"贪婪"为中性词，非贬义。

（1）传递"爱"的信息，为对方提供更多安全感。

有些父母的控制欲来源于"害怕被抛弃或陷入贫穷"的不安感。这时我们需要做的是传递正确的"爱"的信息，包括用尊重、宽容、陪伴、理解去感染他们，让他们逐渐相信，自己不会被抛弃，子女是爱他们的。

"学会爱"对很多人来说都是终身课题，它关乎我们生活、学习、工作等方方面面，尤其对于原生家庭及成长环境糟糕的朋友们来说，更是如此。

（2）增加对方实施操控的难度及成本。

（3）阻断对方在实施操控过程中所感受到的"心理愉悦"。

（4）肯定对方的看法，同时坚持自己的主张。

话术："你说得都对，但我不是你，所以我还是要按照自己的意愿去做。"

说的时候态度要诚恳、认真，一方面传达"并不是反驳你或不尊重你，我只是坚持做自己"；另一方面通过这种方式给自己提供暗示，让潜意识逐渐相信，坚持自我才是对自己最有利的。

3. 父母、亲人经常找麻烦，也属于实施操控

这种情况处理起来比较复杂，第一步必须要让自己远离他们，冷处理，并坚定地表示："你们一直在伤害我。"

找麻烦也是实施操控的一种方式，其余步骤可以参考前文内容。

1.5.4　如何面对权威型父母？

认为自己代表权威，对子女的一切拥有至高无上的掌控权、决定权甚至生杀大权，是很多父母的"通病"，它主要是封建时期"家长制"导致的。

"家长"，顾名思义就是"一家之长"。在古代，"父亲"这个角色在家族中享有举足轻重的地位，是家族中绝对权威的代表者。

虽然如今已经不是封建时代，然而很多父母对"家长制"的执念仍然没有得到改善与转变。他们仍然坚持认为，自己生的孩子，自己有权对他做任何事。

权威型父母认为，子女吃了自己的饭，就是承了恩惠，理应对自己言听计从，感恩戴德。这一项往往与"控制欲强"相辅相成，同时出现。

1. 向对方传达信息："你并不是权威，我们是平等的。"

（1）不对父母的安排、操控逆来顺受，这是反抗权威的第一步。

这一步非常重要。很多人不敢反抗父母的权威，以至于走入社会后也不敢反抗任何有权威特质的人，包括但不限于领导、老员工、说话咄咄逼人的客户等。

他们更容易选择逆来顺受，不仅会做出违心的决策，还会让情绪经常陷入谷底。

所以我们必须迈出第一步。比如，你可以采取"说了不做、暗度陈仓"的方

式默默拖延，也可以采取"鞭长莫及"的方式通过远离来避开操控。

方法不限，反抗的举措才更为重要。

（2）经济独立是反抗权威的第二步。

如果你在此之前还将工资全部上交给家里，那么，现在起请停止这么做。掌握自己的"财政大权"是人格独立的必需步骤，如果财务上无法独立、无法自由支配，那么人格意志就很难独立。如果希望掌握生活，请先学会掌握自己的钱财。

（3）多方汲取信息是反抗权威的第三步，它主要通过扩大社交达成。

这就涉及另一个问题：社交敏感者几乎都不喜欢社交。于是就会出现恶性循环——别急，我们整本书都在聊这件事，后面会详细提及到底该怎么办。

（4）培养独立分析、思考的能力，培养"批判性思维"能力。

可以从阅读逻辑学、哲学、心理学等书籍开始做起，遇到事情学会从不同角度进行思考、分析。此外，努力混职场对培养上述思维也有所帮助。

2. 克服畏惧感，多跟气场强大的权威人士接触

当你能跟气场强大的真正权威人士接触并坚持这么做，那么父母制造的"权威"相较之下就根本不算什么了。

上述方法可以逐渐让你更有自信，这样能有效地削弱父母对自己"权威"的深信不疑及"盲目自信"。

1.5.5　憎恨父母，该如何改善？

有些朋友因为孩童时期与原生家庭的关系太恶劣，几乎到了无法挽回的地步，以至于成年之后仍然对父母充满憎恨。这时应该怎么面对父母？怎么改善关系呢？

1. 善待自己，放下过去

不管曾经发生了什么，都不要用他人的错误惩罚自己。

放下不是原谅，是跟自己和解——你没有义务原谅任何人，但必须要善待自己。当纠结于过去种种时，就会陷入情绪旋涡，最痛苦的那个人是自己。

2. 不要憎恨自己、厌恶自己

没有任何错误是可以单纯做主观归因的，以往的遭遇不是你的错，宽容过去的那个自己。不管发生过什么，下一刻都会是崭新的自己。

3. 以平和的心态面对过往的伤害

伤害分为两种：一种是有意识伤害，另一种是无意识伤害。

绝大多数父母对子女的伤害都属于后者。当然，如果你很不幸遇到了前者这类父母，那么没什么可说的，一辈子老死不相往来都不过分；而若是后者，则必须向对方明确传达你正在遭遇什么、经历了什么。

父母在面对过往施加于子女身上的伤害时，往往有以下几种态度。

"你说瞎话，我们没有这么做过。"——打死不承认类型。

"我们那都是为你好！"——宁死不反省类型。

"当时我们不是那个意思，是你自己误会了。"——转移话题、避重就轻类型。

"你身在福中不知福！我们为你付出那么多！"——倒打一耙类型。

"我们已经做得很不错了！至少没饿着你！你应该看看那些把孩子扔了的！"——胡搅蛮缠类型。

很多人听到父母这么说，就会更加生气："你伤害我也就算了，但是至今仍不悔悟是什么意思？我就想要个道歉，怎么就这么难？"

别说，还真就是这么难。绝大多数时候，子女永远不可能等来父母的道歉，因为后者认为自己代表权威，权威永远不会向非权威主动认错。

这时我们要做的不是纠结于过去的诸多遭遇，更不要纠结于父母到底犯下了怎样的"累累罪行"，这些没有意义，对自我疗愈起不到任何作用。

我们应该将自己抽离出来，站在旁观者的角度，审视每一次伤害的前后过程中自己习得了什么，你在伤害中习得的道理、意义对今后的成长有怎样的帮助，它是否让你成长了。

没有任何一种伤害是毫无意义的。如果你遭遇父母的背叛，那么就可以通过这件事重新审视"亲密关系"，从中习得"对亲密关系也要有所保留"的道理。

如果你遭遇父母的殴打，那么可以通过这些经历进行自我认知：殴打并不能毁灭自己的意志，所以不管未来发生什么事情，无论面对多么强大的外部压力，都无法毁灭你的意志。当你觉得坚持不下去的时候，回想小时候的经历，就会有一种信念作为支撑，当时可以撑过去，现在一样可以做到。

诸如此类，每一次的伤害都能被赋予新的意义，然而赋予意义并不意味着要感谢伤害或感谢施加伤害的人，绝无此意！

对过往伤害赋予意义是为了让自己可以更加客观、理智，并习得更多道理，让未来的自己更好地成长。

放下"伤害"，透过事情参悟"本质"。唯有这么做，才能彻底放下仇恨，不通过对父母的憎恨来折磨自己的身心。

4. 以平和的心态面对父母

带给我们伤害的父母就相当于教会我们这些习得的"老师"。大家上学时会遇到各种各样的老师，个别的会经常责骂学生，甚至进行人格羞辱。

我们不需要让自己活在对对方的憎恨中，只需要把他看作一个传达某种信息的人。当众对你进行责骂，这时他传达的信息不一定是"你不行"，而很可能是"我对生活充满了无力感"；当众对你进行人格羞辱，传达的信息不一定是"你一无是处"，而很可能是"我感到毫无办法且充满了怨念"。

父母在对你实施伤害时，他们传达了什么信息？如果你知道这些信息代表了什么以及它们教会了你什么，那么此时你更像是一个"信息载体"。有用的信息可以留下，无用的、负面的信息是否应该及时屏蔽或删除？

用平和的心态面对他们，当他们再次企图通过施加伤害来向你传递某些信息时，你完全可以选择要不要全盘接受。想明白这件事，有助于我们放下憎恨，更好地疗愈自己的心灵。

如果对父母的"憎恨"问题得到很好的解决，那么未来在职场中遇到"敌人"或伤害你的人时，你也能够自然地应对。

1.6

自我疗愈第一步：重新树立对"爱"的正确认知

很多社交敏感者之所以不会处理情绪问题，主要是因为原生家庭或成长环境出现各种问题而造成的。

孩童时期没能解决的问题，成年后会不断地以其他形式反复出现。孩童时期恐惧的、抗拒的、憎恨的人（比如父母），成年后也会如"影子"一般随行。

一旦某种场合或某个人的特质与社交敏感者小时候的某些经历发生交叠或重合，社交敏感者的情绪就会立刻大起大落、无法控制，进而导致越来越排斥职场、社交、两性情感。

想解决上述问题，首先要从树立对"爱"的正确认知开始做起，这不仅仅是你自己的课题，更需要跟父母一起去重新学习、重新认识。

1.6.1 偷换概念：不要用"伤害"替换"爱"

通过前面的诸多案例，我们可以看出，社交敏感者眼中的"爱"并不是平等的、相互的、充分尊重的，而是充满了讨好、取悦、自我嫌弃/自我厌恶，或被操控及占有欲替代。其中最典型的就是父母经常所说的"我这么做（替你决定/全方位管控）是为你好"，把"操控"替换为"爱"。

此外还有"我打你/骂你是为你好，别人家孩子我还不说呢"，把"威胁殴打、贬损谩骂"替换为"爱"。

"我们多不容易啊！能给你口饭吃就不错了！把你生下来，就是对你有大恩"，把"恩赐"替换为"爱"。

"我们吃的盐比你喝的水都多，过的沟比你走的路都多！你要是不听我们的，早晚吃亏"，把"权威、必须孝顺"替换为"爱"。

还有很多，不一一赘述。总之，大多数社交敏感者在家庭中都没有得到过正常的"爱"。他们感受到的只有"伪爱"，是被冠以"爱你、为你好"的名义实施的实质性伤害、侵害。

简而言之一句话：在这类家庭中，父母把"爱"偷换概念了。他们对子女实施各种不同形式的伤害，然后将它冠以"爱"之名，理直气壮地任意践踏子女的人格尊严、自由意志，更消耗着子女对自己越来越少的亲密情感。

因为从原生家庭中得到的"爱"是畸形的，所以子女成年后反馈给其他人的"爱"自然也是畸形的。他们对"爱"有着错误的理解及认知，导致与周围人（无论父母、朋友、爱人还是子女）的人际关系经常陷入紧张之中。

1. 对外界高度敏感，时刻监控他人的一言一行

哪怕别人无意的或无心的言行，都容易被社交敏感者过分脑补或过度演绎，从而误认为"他不喜欢我，他是在针对我，他在影射我，他是故意为难我"。

2. 对外界的评价及反馈高度重视，耿耿于怀

哪怕一个看似不经意的小评价，都能让他们深夜难寐，甚至因此而耿耿于怀。

3. 非常介意负面评价

要么粗暴反怼，陷入疯狂攻击模式；要么彻底自我厌恶，甚至自虐自残。

4. 极度缺爱，希望被关注、被赞美、被他人所需要

他们对自己的价值非常不确定（或过度相信"付出"的价值），不知道做什么才可以得到他人的认可及关爱。在这期间，他们往往会使用极端手段来获取"爱"。

5. 不知道该如何面对负面情绪

时常在他人（尤其是所爱的人）面前有严重的自卑、自弃感。

6. 无法与自己和解

经年旧事也会念念不忘，始终横陈内心，就像一根根刺。每发生一件细微小事，都会想起以前，从而陷入极度自责、自我厌憎、自我讨厌的情绪之中。

上述这些，归根结底只有一个原因：社交敏感者对"爱"的理解及认知产生

了严重偏差。他们要么因此而成为"讨好型人格"，陷入盲目取悦、奉献的误区之中；要么以"爱"为名义，成为"控制狂魔"，时时刻刻都想要操控身边人，指手画脚，横加干预，导致明明付出很多，然而周围人却都不喜欢他们，甚至唯恐避之不及。

人际关系紧张，压力大，社交敏感者每天处于焦虑、纠结、迷茫中，不知道自己错在哪里，也不知如何改善。

1.6.2　重新习得真正的"爱"到底是什么

我们需要回到原生家庭中，跟父母一起重新学习"爱"到底是什么。无论往昔你与原生家庭之间发生怎样的矛盾，都不要陷入跟对方大吵大闹的旋涡中，也不要彻底阻隔沟通。

遇到事情先让对方冷静，然后勇敢表达："你们作为我的父母，目前为止带给我的体验都是很不好的，在这段关系中我几乎没体会到美好的情绪和瞬间，只有不好的回忆。"

敢于说出自己的感受，是树立对"爱"正确认知的最重要一步。

"爱"不是无条件地忍让、妥协，更不是委曲求全。"伪爱"要求你必须对父母逆来顺受；"真正的爱"则是勇敢表达，包括但不限于表达你的需求、感受、体验、情绪、意志、要求等。

我们不仅要自己敢于表达，还要让父母敢于表达。当他们发泄负能量、抱怨谩骂或想要控制你时，我们要冷静下来，问他们："我很关心你现在的情绪、感受，可以说出来让我知道吗？你现在是感到很伤心，还是很愤怒？是什么让你感到伤心或愤怒？"

伪爱与真爱的表现见表1-4。

表 1-4　伪爱与真爱的表现

伪　爱	真　爱
① 逆来顺受 ② 敢怒不敢言 ③ 感恩戴德，压抑自己的需求或感受 ④ 所有的"表达"都是虚伪的，只能夸赞附和，不能展示真实的自己 ⑤ 无条件妥协，必须承受对方的所有负面情绪	① 心平气和地互动、沟通（双向交流，而非单方抱怨、发泄） ② 勇敢说出自己的体验 ③ 关心对方的情绪、感受 ④ 挖掘"为什么"，找到真实的原因，协商改善、解决 ⑤ 当对方抗拒表达真实自我的时候，不必咄咄逼人，而应循序渐进，冷处理一段时间后再继续 ⑥ 敢于反问、质疑，有不同的声音才能纠偏，才能使接下来的互动更有效

"伪爱"的家庭只是"一言堂"；"真爱"的家庭里允许出现不同的声音，可以产生思想的碰撞、摩擦。

"伪爱"是压抑自己的需求；"真爱"是各退一步的同时，关注对方的需求和感受，力求双方达成共识。

在原生家庭中，无论发生任何事，都不要吵架，更不要逃避。这二者都是最糟糕、最无能为力的处理办法；如果难以冷静，可先搁置一段时间，待冷静后再沟通。

注意：暂时搁置不是退让妥协，也不是逃避，而是给自己一个时间周期去梳理心情。

我们可以趁着"冷静期"去做三件事。

1. 对内关注，而不是向外索求或乞求

你要什么？能接受什么？底线是什么？

"伪爱"是一直对外索取，希望通过依赖外界来达成自己的目的或满足情感。

"真爱"首先必须是关注自己、爱自己，这是建立对"爱"正确认知的非常重要的步骤。

我们要学会对内察觉，明确自己的真实感受和需求，知道自己的底线在哪里。

不断重复强调自我的需求，通过这一过程来增强自我意识的觉醒。

2. 积极参与各类社交

这点非常重要。当某个环境持续不断地提供给你负能量，让你负情绪爆棚，这时必须换个环境来重新开始。

积极参与新的社交是最好的方式。好的社交和人脉具有不可思议的治愈力量。在我过往观察的案例中，很多社交敏感者都是通过这一方式得到了彻底的改变甚至救赎。

要靠近那些愿意认可你、鼓励你、给你温暖和支持的朋友，"友谊之爱"也是重塑对"爱"的正确认知的方式之一。它能教会我们真正的包容、体谅、倾听、陪伴到底是怎样的。

此外，通过积极参与社交，还可以看到其他人与原生家庭的关系是怎样的，他们怎样应对来自父母的压力、指责、否定。

通过人际的互动，多交流、多沟通，逐渐修复内心的伤痛，增强自尊心、自信心。可以说，社交是最快的情绪治愈方法。它未必治本，但绝对是见效最快的。

3. 消除过分的愧疚感

冷处理期间不要有过度的愧疚自责感。记住，你并不欠父母什么，无须对他们感到愧疚。同理，他们也不欠你什么，前文已经提及，他们只是向你传达某种信息，只不过传达的信息是"负能量、负情绪"。你只是接收信息的载体而已，不好的可以不收，可以屏蔽。不接收负面信息不是"不孝"，屏蔽坏的情绪无须内疚。

1.6.3 区分"伪爱"与"真爱"：可能父母并没有你想得那么爱你

第一，这不是他们的错，而是客观因素造成的。没人教给他们这些，他们自然不可能学会。

第二，控制、占有、侮辱、谩骂、否定、殴打、漠视等这些都不是"爱"的体现。

有些父母在肆意伤害子女后，给点儿安抚，自认为这就是"爱子女"的体现了。实际上，这不是"爱"，而是"驯养"——马戏团驯猴子时就是这么做的，不听话就用鞭子抽，听话了就给些食物，没有沟通交流，没有尊重宽容，更不允许猴子有任何自由或自我意志。但是，子女不是猴子，父母也不是驯兽员。我们必须正视这段亲密关系，摆正彼此的位置。

"伪爱"是强制规训及操控，真正的"爱"是平等的沟通和交流。每个人都有反对的权利，但必须以对方能接受的方式去表达。很多人认为"正因为是亲人，所以我才说话直接"——大错特错！越是处于爱的关系中，越应该在沟通之前三思：这样的方式能让对方接受吗？他是否会不舒服？

记住，无论父母还是子女，沟通都应该建立在真正的"互相爱护"基础上。它的目的是让彼此变得更好，而不是更糟糕。如果父母跟你的每次沟通都让你情绪低落，那么你要勇敢地指正，而不是一直忍让或妥协。

"爱"是你跟父母共同的课题，要勇敢自学并教会他们什么才是真正的"爱"。

爱不是暴力解决，而是平等交流；爱不是强制一方必须无条件服从另一方，也不是无止境地索取。

父母要求孩子言听计从不是爱，孩子让父母必须给自己买房也不是爱。父母殴打子女不是爱，子女因为小事苛责父母也不是爱。

真正的"爱"从来就是平等的，为对方着想，关注对方的感受。它主要包括三部分内容：自我尊重、自我认同、自我善待。

自我尊重：尊重自己的需求、意愿、信念、目标、理想、三观、态度、人格、尊严。

自我认同：认同自己的优点、价值，接受真实、完整的那个自己，即便他并不完美。

自我善待：满足自己的需求，让自己在能力范围内尽可能身心舒适。学会筛选，远离消耗自己的人、事、物。

综上所述，爱从来不需要向外索取或乞求，每个人都能对爱自给自足。唯有当自己感受到了爱和善意，才能对外释放并用它来感染周围的人。

自己不知道爱，没有爱，一味向外索求，就会恶性循环。如果你所处的环境中，大部分人都跟你一样，就会造成"群体性互相伤害"。比如，你跟原生家庭的关系中，父母向你索求，你觉得不平衡；你向他们索求，他们也感到心理不平衡。最后谁都给不了对方想要的，只能互相撕扯、消耗。

所以，想解决自己的情绪问题并建立正常社交，首先要回到问题出现的起点——原生家庭，解决跟父母的问题。

这就需要依靠跟父母共同学会真正的"爱"来达成，想要知道"爱"并释放它，首先必须要学会如何爱自己，它是解决个体社交、情绪问题的最基本前提，也是本书分享的重点内容，见图1-1。

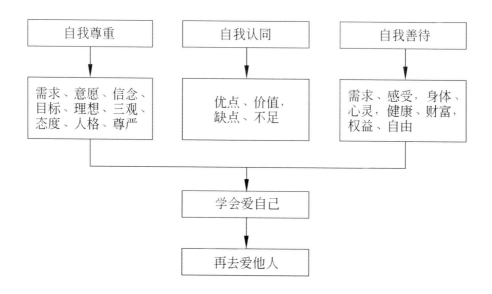

图1-1　真正的"爱"

第 2 章
CHAPTER 2

重塑人际关系

人是社会动物，唯有当你的价值被社会接受、认可且他人愿意为你的价值付费（或进行其他交换）时，该价值才能确保你很好地生存下去。

想要弄明白自己有什么优点，首先要对"优点"的定义做明确界定——它是由评价方决定还是由自己决定。

符合评价方利益，但损耗你的利益、时间、长远发展……这样的"特质"对你而言，算优点吗？

2.1

不想付出时，可以拒绝吗？

"你说，我怎么有操不完的心？每天都要考虑各种事情，考虑所有人，太累了！"

"我朋友情商太低，我都替她发愁！"

"男友做事情不周到，我总要跟在他后面收拾残局，好累啊！"

2.1.1　是"不得不操心"还是"上赶着刷存在感"？

前几天收到了小安的一条微信，说自己最近不能出来玩了，因为被医生诊断出得了抑郁症，需要静养。

知道这件事情后，大家都很惊讶：小安是一个挺开朗的人，待人随和、友善、亲切，怎么也不能把她跟抑郁症扯上关系。细问之下才知道，事情是从几个月之前开始的。

数月前，小安的姑姑生病了，举家来北京看病。小安自然全程接待，包吃包住，还占用工作时间，请假帮他们跑医院、挂号、联系专家……不仅姑姑往返医院都是她车接车送（实在走不开时就拉下脸求朋友帮忙），甚至姑姑住院期间小安还在床前全天候照顾，兼做饭、洗衣服、开药等。

小安有孩子，公婆年纪大，都需要照顾。亲戚来京之前，婆婆刚出院，正在疗养恢复期。老公忙于工作，全程帮不上忙。她一个人既要上班又要照顾家里；既要每天去婆婆家探望，还得忙活姑姑的看病事宜。

姑姑的儿子，也就是小安的表弟，有一天开口借钱，说自己家为了看病已经没多少积蓄了，他买了房，要还房贷，实在没钱周转，希望小安能救济一下，先借 10 万元。如果小安借出这 10 万元,她手里就几乎没有积蓄了。她纠结了好几天，最终还是把钱借给了表弟。

从那时开始，她越来越频繁地失眠。最初是入睡困难，慢慢就发展到整宿整宿地睡不着。眼见着人日渐憔悴，每天顶着硕大的黑眼圈，她实在熬不住了，只好去医院检查，结果是患了中度抑郁症。

大家听后都认为，小安是把自己累着了，应该让其他人分担一下，别总一个人操劳呢。

她本人却说："我家只有我是能帮上忙、出出力的。其他人都不行,老公也不行。如果我再不管，这个家要怎么办？姑姑大老远来北京，我不管的话，她得多伤心！婆婆也一直对我们很不错，现在生病了需要照顾，我说管不了，她能行吗？老公也不乐意呀！我也不想这么操心，可没有其他选择呀！"

2.1.2　一味照顾别人，却得不到应有的尊重

小夏大半夜爬起来给朋友的孩子投票点赞，不仅自己点赞，还要挨个发给身边的朋友，让其他人也帮着点赞。

小李第二天跟她说："以后你能不能别大半夜给我发微信？尤其还不是什么重要的事情。那又不是你的孩子，犯得着凌晨一两点骚扰朋友吗？"

小夏听罢很不高兴，但也没说什么。没过几天，她又帮另一个同事的孩子拉票，这次没有挨个骚扰朋友，但却发了朋友圈："是朋友的，帮忙投个票吧！"

结果好多人看到后，都把她屏蔽了。小夏不自知，继续经常帮周围人的孩子拉票、点赞。

不仅如此，她还经常在上班时间帮大家找团购、折扣、优惠券及可以组团报名参加的儿童课程班。每次组团买来的商品，也是先寄到她家，她拆包后仔细分拣，再把每个人要的东西重新打包，发给对方，且坚持不收任何人的快递费。

短期内，圈子里很多宝妈都说："小夏是个很不错的人！"

小夏也因此而感到非常满足，虽然操心的事情多了些，有时甚至要半夜 12 点

盯着商城折扣券去帮大家抢，但因为得到其他人的好评，所以也就很开心地继续着。

转折发生在半年后。

一次，小夏生病了，发高烧，差点儿住院。生病期间，大家正好要组织团购，她没时间操持，就让另一个人代劳。

小夏在此之前一再跟他强调，这个订单很重要，自己孩子等这个东西等很久了。结果对方完全没放在心上，不仅忘了她的订单，还把她想要抢的折扣券给抢错了。

事后小夏很不开心，而对方也没有表示任何歉意，甚至连个问候都没有。

另一次是大家一起带孩子出去玩——以往都是小夏迁就其他人，跟着其他人一起玩、一起逛，耐心地等他们都逛完才一起返回；而那次出行，她想给自己买件衣服，于是希望其他人多等自己 10 分钟。结果从商场出来后，其他人早都走光了，根本没人等小夏。

小夏非常不开心，带着孩子去附近一家咖啡店边吃甜点、边等待其他人的消息。结果大家迟迟未给她任何回复——实际上他们可能彻底把小夏给忘了，光顾着自己玩了。小夏更加郁闷，索性自己带着孩子打车去另一个地方吃饭，而后又打车回酒店。

直到晚上在酒店碰到，也没人问小夏"你去哪里啦？怎么没看到你？吃饭了吗？"之类的问题。大家各自谈笑，似乎根本没人发现小夏曾经跟他们走散过。

事后，小夏跑来跟我吐槽，非常不解地问："我之前看过很多跟情商有关的书，里面写的内容都是如何通过为人处世获得他人的认可。我觉得自己已经做到位了，付出那么多，情商应该也不算低，但是他们为何这么对待我呢？这种感觉太糟糕了，他们压根没有真的尊重过我！"

小　结

社交敏感者有时会让自己陷入非常疲惫的状态中。他们总希望能够面面俱到，希望表现出的那个"自己"是有价值的、精明能干的、可以独当一面的。他们心思重，想太多，经常精神高度紧张，对外界反馈高度敏感。比如上面提及的案例，小安过于要强，且总认为自己是应该付出的一方。她希望通过此确定在家庭中的地位，被周围人认可，然而最后却因为操劳过度而患上中度抑郁症。小夏认为，高情商就是说话做事让人舒服、让人满意。她一味压低自己、满足他人，最终却在团体中失去存在感，被大家无视。由此可见，社交敏感者太过于为他人着想、为他人操劳，会给自己带来不利影响。

1. "服务型人格"稍不注意就容易转为"讨好型人格"

他们时刻关注其他人的反馈，认为想要获得正面评价，就要让对方满意。而让对方满意的最好方式就是全方位、非常周到地为对方提供帮助。

很多社交敏感者的"讨好型人格"都是隐性的，自己并不知晓，然而当事情发生时，潜意识里就会抗拒表达真实的自己，不敢展示真实的需求。

他们总担心一旦拒绝提供服务，就会被其他人反感、讨厌、抛弃。"欠缺安全感"使得他们一味迁就，对方越是不满意，越希望让他满意，上赶着讨好。内心不满，却只能逆来顺受。

2. 精神压抑，甚至容易患上抑郁症

太过关心、关注别人，就容易迷失自己。自我的需求长期无法被直视或满足，堆积越久，越容易心理失衡。

它会让个体倾向于两个极端：要么更加压抑自己、讨好他人，要么成为强制性付出的"控制狂魔"。无论哪一种，都很容易引发"情绪病"，长期处于焦虑的状态中。

3. 过度操劳，操心的都是别人的事

社交敏感者希望通过他人的认可、赞美、夸赞来验证自我价值，这时他们很容易无视他人的真实需求，将所有事情大包大揽，拉到自己身上。

外表给人的感觉是无所不能、非常能干的，然而操心的都是别人的事；劳心劳力付出良多，往往还得不到任何回报。

因日久天长地付出，要么他们认为"你是应该做的，这就是你的责任"，习惯成自然，不会对你有任何认可或赞美；要么他们会云淡风轻地说："我们可没逼着你付出，是你自己愿意的。"明明做了那么多，反而被嫌弃，所有付出都成了"廉价品"。

于是这类社交敏感者就会陷入恶性循环：越是想通过付出获得价值认同，越被他人轻视价值；越被轻视，越会进一步操心、进一步付出。日日夜夜都在劳碌忙累，却并未收获多少实际利益、利好，忙活的都是别人的事。能者多劳，劳而百劳。

这里的最大痛点有两项。

第一，不敢对周围人提出要求。

比如案例中的小安，不敢向表弟提要求，不敢向老公提要求，甚至不敢雇护工代替自己做一些事情。

小夏也是如此，不敢对朋友们提要求，一直压低自己的需要，以至于别人都忘了她也是有需求的。

想要改善，必须先从敢于向他人提出要求开始。

小安完全可以对表弟说："我负责挂号、开药，你负责做饭、守夜；如果忙不过来，就请个临时护工。接送，你来叫车，这样更方便快捷。"

她也完全可以对老公说："咱妈（婆婆）那边最近需要你下班后去看看，我腾不出时间了。孩子的脏衣服，你分担着洗一些。"

小夏可以对朋友们说："你们帮我也点个赞。我需要逛一会儿，你们多等10分钟。这个优惠券我想要，你帮我抢一下，下次我也帮你抢。"

如果不说出自己的需求或不让他人参与，别人就会认为，你并不需要被帮助，也不需要被给予。久而久之，别人会觉得你的付出是理所应当、天经地义的，谁也不会管你。如果你抱怨、不满，别人还会认为："这人怎么这么矫情，咱们谁强制让他付出了吗？"

你认为"不得不、只能由我来做"的诸多事情，在别人眼中可能一文不值，随便来个人都能轻易将你替代。所以，敢于对他人提出要求非常重要。

第二，不敢拒绝他人的请求。

比如案例中的小安，她完全可以拒绝表弟的借钱要求："我很想帮忙，但是最近自己用钱的地方也很多，实在是有心无力。"

她也可以拒绝帮姑姑跑医院："最近我的工作已经进展到特别重要的阶段，表弟去跑一下吧，实在不行的话，花些钱找个人帮忙。"

小夏完全可以拒绝朋友大半夜发出的"帮助点赞"请求："以后半夜不要发这些给我，我都休息了。互相体谅一下嘛，理解万岁。"

如果你不敢拒绝，别人就会认为，你喜欢这样。于是就会变本加厉地提出更多不合理的要求，直到你忍无可忍，情绪彻底崩溃。

4. 过度操心别人，会让人际关系变得紧张

社交敏感者有时会无视他人的真实需求，想当然地认为对方是需要这些的，一厢情愿地认为"我是为你好"。结果造成被他人反感、厌憎，甚至唯恐避之不及。

原本出于一番好意，最终却收获了负面的人际关系。这类个体的父母往往也属于"控制型人格"，他们孩童时期被父母管控，长大后在不知不觉中沿袭了父母的特质，也会开始以"为你好"之名管控子女，一不小心，就活成了父母的"复制粘贴版"。

5. 付出越多，越对可能得到的回报产生较高的心理预期。当对方没能满足预期，就会因巨大落差而陷入抑郁、委屈或愤怒的情绪中

小夏帮朋友孩子投票的案例就是很好的说明：当占用自己休息时间，大半夜爬起来给别人孩子点赞，这时虽然看上去是"无条件帮助"，但实际上她对朋友的回馈已经有了较高的心理预期，即"你看，我都为你做到这个程度了，等我有需要的时候，你也应该像我一样，为我这么付出"。

结果朋友们并没有如她预期般给予回报，小夏立刻陷入委屈及愤怒之中。

社交敏感者并没有意识到，人与人之间的交往从来就不是"绝对平等的等价交换"，哪怕在职场也会存在"为工作付出诸多，收入却一直低微"的情况。

这里的关键并不在于你付出了多少，而是在于以下两点。

其一，对方真的需要你这么做吗？是否必须由你来做？非做不可吗？

其二，你明确说出希望得到对方什么回报了吗？

社交敏感者的最大困扰来自：一方面，不管对方是否急切需要，是否非要由自己操劳，都坚持剃头挑子一头热地大量付出；另一方面，没有通过恰当的方式，及时让对方知道自己希望得到怎样的预期回报。

没能用正确的方式做妥当的沟通，造成过分高估对方可能给予的回报，一旦未能被满足，立刻被负面情绪包围。

6. 对自我价值的错误理解会影响变现效率

人是社会性动物，唯有当你的价值被社会所接受、认可，且他人愿意为你的价值付费（或进行其他交换）时，该价值才能确保你很好地生存下去。

社交敏感者对自我价值的理解往往会产生偏差：他们认为自己的价值依靠别人的评价来维系，需要在他人面前多刷存在感，这样才能收获更多的赞美及好评。有了这些，自己的人生才有意义。

他们渴望被他人需要，因为他们也是希望被关注、关心、关爱、尊重的，只不过使用了错误的方法。这时就会造成"变现效率"非常低下——社交敏感者大部分时间都是在为别人忙活，很少有精力为自身的提升及成长筹谋、努力。

他们将其他人当作"投资品"，投入大量时间、精力、情感、金钱、其他价值。然而，其他人是最不能被用来投资的，因为人本身充满变数。

这就是为何社交敏感者的投入往往血本无归、打水漂，甚至还会造成沉没成本（越是付出后没有回应，越希望通过进一步追加付出来彻底翻盘）。所有付出没有得到任何收获，个人的收入、资产、资源都常年处于较低水平。它会造成另一种恶性循环：越是个人资产、资源层级较低，越希望通过持续性地对他人付出、操劳来改变现状。结果越付出，越消耗，彻底变成了"免费为人民服务"。

2.2

如何有价值地付出？

一味付出的人，他们的"奉献"是无私的吗？

付出的一切不被珍惜，反而遭到嫌弃或怨憎。这时，"付出"还有什么意义？

持续付出是否就能够获得绝对安全感？坚持舍己为人，真的可以保证永不被抛弃吗？

2.2.1 承认吧，你的很多付出都是强制性的

社交敏感者的特质之一就是，习惯性地为他人付出、奉献。这真的仅仅只是为了寻求认同吗？

我曾见过一个案例，女儿对母亲说："为什么你不能活得轻松一些呢？不要再为我付出了，我能照顾好自己。"

女儿本来以为，这是一次表达关怀和爱意的谈话，没想到母亲忽然暴跳如雷，激烈地指责她："你怎么能这么没良心？！"

然后，母亲如数家珍般罗列出这些年为了女儿是如何如何辛苦，自己是怎样怎样付出，越说越委屈，越说越辛酸，说着说着就哭了。女儿在一旁全程蒙圈，不知道发生了什么。

这个案例非常典型，它让我们知道，社交敏感者对他人的"付出"并不仅仅是想要被认可，要不然，女儿并没有否定母亲的付出，只是希望她活得更好些，

为何后者却如此激烈地反抗呢？因为，社交敏感者容易出现一个问题，即自我价值虚无化。

1. 还没弄清楚"为什么"，就开始惯性付出

他们的"付出"往往是有惯性的，受家庭、社会、舆论环境、教育水平及认知的影响。看到父母、家人、其他人都这么做，于是认为自己也应该这么做。

在这个过程中，很多人并没有深入思考"到底为何要这么做"。

2. 很多社交敏感者并没有"我"的意识

人的思维分四个层级。

（1）低我或无我：没有自己，没有自我意识（或很少意识到自我的存在）。不知道"我是我，他是他；他不是我，我不是他"。

低我的人更关注他人，包括关注他人的感受、反馈、言行举止以及他人对自己的评价。

他们的优点是更善于倾听，更善于为他人考虑。但过多考虑他人，就会让自己被忽略或被无视，降低自我的存在系数。由于没有明确的自我意识，就会经常踩线、越界；在其他人看来，某些言行已经成为指手画脚或横加干涉了。

低我的人分不清"你的是你的，我的是我的"，他们更倾向于认为"你的是我的，我的是你的"。

生活、家庭、婚育中的很多问题是由于低我者对自己和他人缺乏清晰的界限划分能力而造成的。一方认为"我付出那么多，怎么就成罪人了？"，另一方却认为"你为何总是干涉我？你管的事太多了，你做的这些我都不想要，你能不能消停会儿？"，最终造成大家都不满意，不欢而散。

社交敏感者往往属于低我类型，他们经常将别人与自己相混淆。

母亲为了孩子付出一切，认为"孩子好了，我就好"——将孩子混淆等同于自己。

伴侣之间也经常出现这种情况：其中一方为了另一方，彻底放弃事业、社交、前途，一心一意为其提供支持——将对方与自己混淆，认为他就是我。

（2）自我：具备自我意识，知道"我是我，我是独立的；我不是别人，别人代表不了我"。自我的人并不太关注外界及他人，更关心自己，包括重视自己的需求、感受、目标、任务、想法、观点、利益。他们为了让自己更加舒适，往往愿意牺

牲一部分利益，以求得整体的和谐共存。

他们的优点是边界感清晰，敢于表达自己，容易在团体中获得存在感。这类人往往更喜欢表达，不太善于倾听，但不意味着完全不去倾听。他们认为在必要、有意义的时候，需要认真听别人说了什么并给予相应的反馈，结合当时的情况进行分析思考。在低我者看来，甚至会觉得自我群体有那么一点自私。

（3）唯我：唯我者没有边界感，只看到自己，看不到他人，例如高铁占座的、买东西加塞的、乱扔垃圾、破坏环境的。他们完全不会倾听任何来自外界的声音。他们为了自己的利益可以不顾一切，认为其他人都有义务给自己的利益让步。这类人是纯粹的无边界利己主义者，他们也同时成为社交敏感者的"天敌"及"狩猎者"。

（4）高我：不仅具备自我意识，还具备整体意识，知道所有人都在同一个世界中，大家原本就是一体的。他们的优点是具有共赢意识，认为帮助别人就是帮助自己，更倾向于通过协作达成共赢，但有时会因为过分分明的是非观而感到困惑，无法理解其他群体的无边界利己，也经常因此而将自己置于苦恼的境地中。

自我、唯我及高我者的区别是：自我的人更关注自己，虽然能看到他人，但很少保持关注及关心。唯我的人只看得到自己，看不到他人。而高我的人既关注自身又关注他人，他们更看重人类整体的利益、前景、未来，往往倾向于在自身强大后转而投身于公益事业、慈善活动，比如支持环保，帮助贫困人群，为弱势群体提供帮助。

3. 社交敏感者很难意识到自己也是有价值的

他们将别人的价值等同于自己的价值，所以才会有那么多父母心力交瘁，付出一切，一定要让孩子进国家单位。他们认为，孩子有个体面的工作等同于自己有了价值。

有的人会对周围亲人、朋友的一切横加干涉，认为他们按自己的方法去做才是最好的。

"让对方必须按自己的意愿去做"等同于"这样他能得到更好的发展，更具有价值"，四舍五入，就等同于"自己有了价值"。

前面案例中女儿和母亲截然不同的态度，说明母亲将女儿的价值等同于自己的价值了。同时，她并没有客观地对女儿的价值持有清晰的认知，而是按照自己认为的那个"价值"去评判女儿是否有价值。

如此一来，母亲可能有以下四种表现。

（1）母亲一直在一厢情愿地付出。

（2）这些付出是不是女儿想要的不重要，不管怎样，肯定是自己想要的。她明确知道，希望女儿成为怎样的一个人，并坚持认为，自己的付出可以把女儿变成理想之中的样子。

（3）母亲很少和女儿交流，她认为"持续付出"等同于"爱"。

（4）母亲将自己的价值维系在女儿身上，认为"女儿的价值就是我的价值"。

所以当女儿跟她说"你不需要为我付出"时，母亲不会认为这是在对她表达关心，而是觉得否定了她的全部"价值"。这时她的世界观必然立刻崩塌，最终造成情绪崩溃。

2.2.2　放手吧，勉强没有幸福

社交敏感者的"付出"往往是一厢情愿的。

1. 他们分不清对方是否真的需要这些

一味填鸭式给予，比如，父母追着孩子，一定要给他喂饭，而孩子各种反抗、哭闹，就是不想吃。父母急得满头大汗，直说孩子不懂事。他们忽略了很重要的一件事：孩子真的需要吃这么多饭吗？他想吃吗？他真的饿吗？

社交敏感者对上述很难分清，他们往往通过察言观色来脑补对方的需求，却很少敢于直面沟通。

小云发现小西的男友有其他女性朋友。她知道后很焦急，心想一定要多搜集证据，然后将真相告诉小西。但等到真的辛苦保留各种实锤且将其拿给小西看时，得到的却是小西神色复杂的回应："哦，我知道了。"小云并没有得到小西的感谢，反而发现自己被小西拉黑了。

填鸭式付出会造成以下两个结果。

（1）付出者心力交瘁，承担了巨大的身心压力，甚至消耗成倍的时间、金钱、情感，但永远得不到回报。

（2）被给予者完全不领情，甚至视给予者为仇人，势不两立。

2. 强制填鸭式付出的一方往往会忽略需要承担的风险及成本

这源于他们对安全感的渴求，高估了付出之后的预期回报。

社交敏感者对安全感的认知过分悲观。他们几乎不相信自己能真的收获幸福，所以会在"不幸"的道路上一路狂奔着折腾下去。

他们对"可能失去什么"（成本＋风险）盲目乐观，认为只要付出了，就不会失去任何东西。实际上单从逻辑上来说，这个认知完全与事实相悖。

"自我价值虚无化"让他们执着于将希望寄托在他人身上，并通过对他人的强制付出得到价值肯定。小翠当年辞去了所在城市的一份非常好的工作，跟随老铁一同去广州，为老铁放弃了自己的事业、朋友、前途。虽然老铁跟她交往了一段时间，然而并不赞同她继续跟自己南下。他认为，两个人还年轻，未来还有很长的路要走，谁也没必要为了对方而牺牲自己的前途。然而小翠铁了心要跟随老铁，到了广州后没多久，就奉子成婚了。婚后，小翠一味填鸭式付出着，老铁要的、不要的，统统都去做，为他洗衣服做饭、收拾房间、带孩子，他父母来广州时全程跟随照料，还要参与老铁的事业及社交，经常偷查他的通话记录或偷看他的工作文件。

她很担心老铁一个不小心就走歪了，或不在意她了，于是不管不顾地做着自认为非常正确的事情。直到后来，她发现老铁真的变了心，小翠崩溃了，整天闹自残自杀，扬言要老铁付出代价。

这时老铁提出了离婚，小翠见自杀无效，又开始哭诉这些年自己有多辛苦，有多不容易。她为老铁付出了这么多，老铁却要跟她离婚……然而老铁去意已决，最后将所有资产都给了小翠，孩子也没要，毅然决然地跟她离了婚。

这个案例非常典型。

（1）小翠十分渴求安全感，这一点从她严密监控老铁的社交、工作就可以看出。

（2）小翠潜意识里不相信自己能收获幸福，不断反反复复地折腾自己，也折腾别人，要用各种方式验证自己的猜测："看，我果然就是不幸的。"

（3）小翠过分低估了自己可能遭受的风险及损失，更无视填鸭式付出会让自己投入多少成本。

（4）小翠是低我人格者，认为"老铁的价值就是我的价值，老铁的一切都是我的"。

3. 社交敏感者在进行填鸭式强制付出后，一旦发现可能被抛弃，就容易采取极端行为

上面案例中，小翠采用三种极端做法企图挽回老铁。

（1）威逼：用自己的身体、健康、人身安全来逼迫老铁留下来。

（2）情感绑架：用自己过往的付出、辛苦和如今的弱势、无依无靠进行施压，企图令老铁产生道德愧疚及情感自责，从而留下。

（3）利诱：小翠每次跟老铁吵架，都不断保证自己会改正，会让两个人的生活更好。然而实际上，她一次都没有兑现承诺。即便真的兑现，结果也未必是对方想要的。

上述，其实都是伤人又伤己的做法。这个过程中，社交敏感者无法解决任何问题，只会让现有的问题变得更严重，让现存的矛盾进一步加深。

———

小　结

要想令付出有所价值，我们需要从五个方面着手。

1. 重建自我意识

2. 树立清晰明确的边界意识

关你什么事：你的价值、收入、资产、资源，都是你自己的，与别人无关。明确这一点很重要！不要总觉得"因为关系亲密，所以我的就是他的"，世界上并不存在绝对的共享。如果你对别人的给予形成了习惯，对方不但不领情，当你不再给予时，反而还会怨恨你。

此外，你的"给予"不可能得到预期回报，因为从一开始，方式就错了。

关我什么事：别人的价值、收入、资产、资源，都是别人的，与你无关，不要认为"因为关系亲密，所以他的就是我的"。

没有任何人会愿意把自己所拥有的一切无偿、无条件、不计回报地一直与你共享，请务必明确这件事：我们不讨论其是否合理，只陈述客观事实。

所以，明确边界感就是别人的利益及价值与你无关，你的利益价值也与别人无关；别人的好处不会白白给你，你的好处也不要免费送给别人。

大家可以交换，但不要无条件共享。"交换"是一本明细账，有来有往，清楚明白；"无条件共享"只会造成无穷无尽的麻烦，剪不断，理还乱。

当有人只跟你聊感情，不跟你谈交换，想着法儿地游说你，让你把自己的好处无条件"共享"给对方，这时说明他要对你"耍流氓"了。

我们要防备各种打着感情、亲情、爱情旗号"耍流氓"的人，同理，我们自己也不要成为这样的人，不要用这种方式去跟其他人"耍流氓"。

3. 弄明白对方的真实需求

这件事的关键在于必须通过沟通与互动来进行，不要自行脑补。

（1）沟通 + 互动：通过提问了解对方的需求，通过表达描述自己的需求。互动的重点就在于有来有往，这很重要。切勿单向输出式沟通，否则无效。

（2）侧面观察：一个人的言行举止会暴露他的真实需求，有时嘴上说着"不要不要"的人，身体却往往很诚实。

（3）不能明确对方真实需求时，多看看再决定：俗话说得好，"路遥知马力，日久见人心"。一天两天无法发觉的，日久天长总能见真章。再好的戏精也不可能演一辈子，总有一天会在细微之处暴露他的真实需求及意图。

4. 想清楚付出后你能得到什么价值或效益的回报

从方式、方法的角度来说，付出分如下两类。

（1）讨好式付出：对方要什么就给什么，无节制地满足，从来不看自己是否已经身心疲惫，精神及资产即将双重"破产"。

（2）填鸭式付出：不管对方要不要，都必须给予。这类付出往往伴随着控制欲，希望通过强制给予进行情感绑架、道德绑架，从而左右对方。

想避免上述情况，要先树立价值的概念。那么，什么是价值？

个体所具备以及掌握的专业技术技能、知识 / 信息、思维能力（逻辑思维、逆向思维、创意创新、影响力等）、产品或个人品牌、版权 / 产权 / 著作权、劳动能力、品德诚信、共情能力等，这些都属于价值。

简而言之，价值体现在以下六个方面。

其一，能做什么？

其二，能做好什么？

其三，所做的被社会需要、认可吗？

其四，所做的能让自己获得收入、持续变现吗？这里的"变现"包括资源及信息的获取，本书内所有"变现"均为广义词，不再赘述。

明白价值的定义后，自我价值到底是什么，也就一目了然了。

就"付出后能得到什么价值/效益？"而言，可理解为：你付出后，谁得到了？他得到的是他所需的吗？

讨好式付出时，付出者往往一无所获，都是让别人得到价值（单向消耗）。

填鸭式付出则属于看上去自己得到情感满足（比如获得安全感），然而情感满足并不能让你变现，同时别人也未必能得到他所想要的价值（双向消耗）。

我们需要转变思考方式。

其五，你是在为谁付出？为别人还是为自己？

如果习惯性地为别人付出，请把这个别人改为自己。

其六，你付出后，谁能得到价值？是让别人得到还是让自己得到？

警惕"自我价值虚无化"。社交敏感者需要明确一件事：别人是别人，你是你；别人的是别人的，你的是你的。越是亲密关系中，越应该注意这件事，否则很容易就会陷入"廉价却未必被需要的付出"的怪圈中去。

5. "付出"应符合两个原则

（1）每一次付出都要有价。

明码标价，可以用货币（或商品）衡量，也可以用其他方式。比如，当父母向你索取时，你可以要求他们给你做一顿饭。不要白白付出，要让付出有回报，让对方"付出些什么"来与你的付出交换。

（2）你的付出的确被对方需要且难以替代。

当小云遭遇情感问题时，你强行给她建议，认真帮她分析，并努力寻求解决办法……这时"感觉良好"的那个人可能只是你自己，对方要么翻着白眼不爱听，要么觉得你太烦了，多管闲事，回头就把你拉黑了。

所以你对她的付出很可能是"无效"的，因为不符合上述两个原则（有价＋被对方需要）。只有当小云主动向你求助，明确告诉你，她真的需要你的建议时你才可以考虑"要不要付出"。如果决定付出，就要进行下一步——明码标价。例如，"我可以给你一些中肯的建议，要不你请我喝杯饮料吧，咱们边喝边说？"

　　每次付出都要保证"双边进行"，即你为他付出了，同时需要他也做些什么，作为给你的回报。

　　记住：人只有真的付出了，才会珍惜得到的一切。只有他为你的价值付费了，才会真的认同并珍惜你的给予。

　　不信可以看看，保姆市场中，哪怕能力一般的从业者，也能被雇主客气、尊重地对待。然而对于家庭主妇来说，待遇可能远不如保姆好。很多家庭主妇要经常忍受家人的脸色、坏脾气、无视、轻慢，还往往敢怒而不敢言。因为家人并没有为家庭主妇的价值去付费（这里的"付费"是广义词，不仅仅包括"发工资"，还包括其他方式的回馈）。不付出、白白得到，这类价值永远不会被珍惜。

　　若你对他人的付出不符合"有价 + 被对方需要"，这时要做到以下四点。

　　管住嘴：少说；先不说，被需要时再说。

　　管住手：少做；先不做，对方愿意"付费"时再做。

　　管住腿：少奔波；先不奔波，对方愿意"付费"时再奔波。

　　管住目光焦点：多关心自己，降低对他人的关注度。

2.3

如何自然而然地应对赞美或嘲笑？

人大致有三种：自认为很优秀的，自认为可圈可点的，自认为一无是处的。

第一类人经常会对第二类、第三类人进行贬损打压、嘲讽否定。第二类人往往会客观地对第三类人的优点、价值予以肯定、赞美。

当第三类人的成长、教育环境中过多地接触第一类人时，他们成年后就会更倾向于自卑、自我质疑，做任何事都没有信心。这时不管你是嘲讽他还是赞美他，都会让他产生质疑，认为你是不怀好意的。

2.3.1　你说什么都是在否定我、嘲笑我

小雪跑来跟我求助，说最近因为室友小月而感到很困扰。她俩合租，室友经常当面嘲笑小雪的穿着打扮，还讽刺她"太抠了"，动辄就说自己的生活如何如何优越，还总在她面前显摆新买的东西。

小雪很苦恼，碍于还要继续合租，不便把关系闹僵，所以时常忍让。但是，她不反驳又总觉得很憋屈，整天生闷气。

她问我，遇到这类事情应该怎么处理。

我："她说的话中，哪里最让你不舒服？"

小雪："她总嘲笑我穷、抠。"

我："你觉得自己是这样的吗？尽量不要带有主观情绪，从客观的角度去看。"

小雪："我的确没什么钱，但是我的确不爱花钱，可是……"

后面她长篇大论去解释自己家里的条件以及目前不怎么花钱的原因，诸如此类，滔滔不绝地至少说了 3 分钟。

我："我明白了，你觉得自己的人格、尊严和价值受到了侮辱，是这样吧？"

小雪："对对，就是这样！她不应该这么侮辱我！"

我："你认为自己的尊严主要依托什么实现？自己的价值体现在哪里呢？"

小雪沉默了，想了好久，说："就是，那个，我觉得，尊严是与生俱来的吧？每个人都有尊严。自己的价值，没想过这么仔细，大概就是工作认真负责？"

我："咱们换个说法，你其实不知道自己的尊严要依靠什么来实现，也不知道自己的价值具体体现在哪个方面，可以这么理解吧？"

小雪："是这样，你说得很精辟！"

我："所以你生气的原因不在于对方说你穷，而是认为自己的人格、尊严、价值被侵犯，同时你对这些也不太有自信。感到愤怒、憋屈是因为原本你一直在回避的，但对方非得哪壶不开提哪壶。"

小雪开始时不能接受这个说法，一再强调自己没有回避，不是自卑，家里也并不是没钱，省吃俭用是有原因的，并不是对方说的那样。

我又问了一个问题："你有自我改变的意愿吗？"

她："我当然想改变自己了！"

我："你想改变自己的什么方面呢？"

小雪："我没想过，方方面面都想改善吧？"

我："有没有做过自我改善的努力呢？"

小雪："我不知道从何下手……"

我推测小雪小时候在原生家庭中应该时常有类似的遭遇，于是进一步追问，她的回答果然如我所料：小时候，小雪的父母经常对她进行否定，尤其是父亲，总是很严厉地批评她、打压她，这导致小雪成年后对外界的评价特别敏感。如果有人跟她说了不同的看法，或发表了不同的意见，她的潜意识会想到父亲，进而就会感到非常不舒服，认为对方是有意针对自己。

聊到这里，我大概知道她的问题出在哪里了。其实小雪这个案例非常典型，很多社交敏感者都会出现这样的情况。

其一，对外界的反馈及评价非常敏感，无论对方到底是不是这个意思，他们都会更倾向于认为对方是在否定、打压自己。

我见过最典型的一个案例是，有一次我跟两个朋友去小欧家里玩，小欧给我们准备了一些点心和水果。大家一边吃一边聊，其中一个做客的小希聊着聊着，随口说道："小欧，你家光线是不是有些暗？空气也不太好，多开窗子通通风啊！还有，这个水果配上点心吃，好像有些甜。"

原本对方可能就只是随口一说，结果小欧却"上心"了，当时脸色就不是很好看，之后其他人聊天时，她的兴致明显低了很多。

这事过去好几个月，大家又说去小欧家里玩，其中一个要给小希发微信，却被小欧阻止了："就别叫她了。"

大家问为什么，她支支吾吾地不肯说。

等人少的时候，她悄悄跟我吐槽："叫她干吗呀？这么多事儿！来我家做客，还嫌这个嫌那个的。"但她也不敢大声说，自己嘀咕了两句，就立刻走开了。

在她看来，小希说的这几句话，无疑都是在侧面讽刺她、否定她。"光线暗"是说她住的房子老旧，"空气不太好"是说她家里不卫生，"水果配点心有些甜"是在否定她的一番努力。

其二，认为自己应该被尊重、认可，但又说不出哪里值得被尊重、被认可，或认为"尊严及价值被肯定"是天赋人权，不需要太多理由，其他人理应这么做。

其三，对自己人格、尊严、价值的认知很拧巴。忽而觉得自己很好，忽而又认为自己一无是处。这种拧巴会造成他们往往想太多、做太少，大部分时间和精力浪费在自我的内心挣扎上。

其四，"自由意志"的本能偶尔会冒出来，对外界施加的压力及评价予以反抗。而同时，潜意识又不断地与"自由意志"对抗，认为自己"不会赢的，不会好的，不会成功的"。每当想反抗，自己立刻浇一盆冷水下来，强行说服自己："被嘲笑、贬低就是你的命，不可逆。"

其五，社交敏感者遭遇负面反馈时，敢怒不敢言，宁可生闷气，也不当面沟通。无论对方是故意还是无心，社交敏感者只有在被挤兑急了的时候才会反抗。

小洛最近跟同事吵了一架，起因就是对方经常讽刺她智商低。

"我都忍他好久了，真的太气人了。哪有这么不尊重别人的？他父母没教过他要好好说话吗？"

我问她："吵架之后，你觉得有效吗？"

小洛皱着眉表示："没什么效果，现在他不说我智商低了，改成讽刺其他方面了。"

我："也就是说，在这个事情里，你对对方的嘲讽贬低，要么一味忍着、妥协、憋屈但不说，要么采用粗暴的方式去解决，比如吵架，对吧？"

小洛说："是的，除此之外还能怎样呢？"

那么，遇到上述案例中的事情，我们到底应该怎么办呢？

2.3.2　遇到夸赞就心虚，反而加剧自我质疑

有一次参加聚会，结束后小田搭乘我的车，聊天过程中，小田忽然念道："那个小白干吗总当着别人的面夸我？她是不是故意给我难堪啊？"

我听了觉得莫名其妙："怎么会呢？"

当时聚会的场景是这样的。

小田先到的，她帮大家点了一些菜，叫了花茶，然后在群里发了定位和包厢号，甚至还贴心地分享了附近的几个停车场。

大家陆续到齐后，就开始聊天，只有小白迟迟未到。于是小田就帮小白留了几个她爱吃的菜，还跟她说："不要着急，安全驾驶哈。"

小白到了之后，拉着小田的手表示："哎呀，你太贴心了！连停车场的位置都发给我们，还帮我留了爱吃的菜。你怎么这么好呀！太谢谢啦！"

小田的神情有些不自然，连连摆手："哪有哪有，并没有啦！快吃饭吧，菜都凉了。"

之后，小白在聊天过程中又好几次夸赞小田，要么说她有能力，肯定能很快升职；要么说她总是为别人着想，她的男友多有福才能遇到这么好的姑娘……

每当小白夸小田时，小田都很不自然地连连摆手，然后立刻岔开话题。

我跟小田说："那是因为你为她着想，让她觉得很贴心。为了表示感谢，她才会一直夸你啊。"

本来是一句安慰的话，没想到小田却更加不开心了："这么说就是虚情假意了呗？这样有意思吗？"

我连忙表示："并不会呀！实际上你本来就很贴心，很善于为他人考虑啊！大家都是这么认为的，只不过小白表达得更加直接而已。"

小田听后，还是觉得闷闷不乐。我又跟她聊了聊，发现她之所以觉得不开心，主要是因为她觉得自己并没有那么好。

因为对自我的认知是负面的，又因为潜意识里觉得外界不喜欢自己、不待见自己才是常态，所以当小白忽然夸赞她、认可她、待见她时，她立刻感到浑身上下不自在，恨不能赶紧远远逃开。

最开始发现这个问题时，我还挺诧异，但后来深入调研后我才发现，很多社交敏感者都有这样"症状"：他们没办法接受别人的赞美、认可、好评和鼓励，哪怕对方的确是真心的。

某些社交敏感者会认为："好端端的，你干吗总夸我？该不是在讽刺我吧？"小田的案例就是典型。

某些社交敏感者被认可、肯定时，会下意识地脸红、紧张、不安、焦虑，害怕让他人注意到自己，只想远远逃走。

某些社交敏感者希望自己被鼓励、赞美，但真的遇到这些反馈时，又总下意识地问："真的假的？的确是这样吗？也没有啦，我并没有你说得那么好。"

"我没那么好，我不完美，我没这么优秀"是这类个体的口头禅，他们用谦虚来掩盖自己的心虚，生怕被对方捧起后，让他人发现自己"并没有这么好"，从而产生失望、嫌恶，进而被彻底抛弃。

这让我记起自己小学时，有一次老师在课堂上忽然当众朗读了我写的一首小诗，并指名道姓夸赞道："这是咱们班某某某同学写的，文字通顺，而且非常扣题，此外还发挥了很好的想象力，同学们要多学习。"话落，班里所有人都看向我，当时我的脸就红了，非常紧张，心"扑腾扑腾"跳个不停，恨不能赶紧穿墙跑路，让所有人都看不到自己。

那时不明白，为何被老师夸奖反而会这么不自在、这么焦虑？成年后才知道原因：上学期间，自己几乎没有被老师、父母夸奖、认可过，他们给我的反馈一直都是"你看看其他同学，如何如何""你看看别人家的孩子，怎样怎样""怎么别人都很好，只有你不好？你怎么这么笨？"……

这些反馈都是负面的，开始时我很不开心，后来听得多了，就皮糙肉厚，死猪不怕开水烫了。于是渐渐地，这些外界反馈让我形成一个认知："夸奖和赞美不属于我，这些从来都不应该发生在我身上。被老师、父母贬损批判、严苛责骂才是常态。"

三岛由纪夫有一句话，可以很好地体现这种心理状态："也许是天生懦弱的缘故，我对所有喜悦都掺杂着不祥的预感。"这可以引申为也许是很少被外界赞美、鼓励的缘故，社交敏感者对所有来自他人的认可和喜欢都充满质疑困惑、焦虑不安。

2.3.3　该如何从容应对夸赞或嘲讽?

如何改善自卑、怯弱的心理？如何做到面对夸赞心安理得地接受，面对嘲讽有理有据地反驳，遇到不确定是否是嘲讽时可以理智沟通呢？

1. 通过沟通解决问题

前面的诸多案例中提及，社交敏感者无论是遭遇贬损嘲讽还是认可夸赞，他们的反应都是"两极分化"：要么默默忍受，要么勃然大怒。没有中间值，没有"理智客观地进行沟通交流"这个选项。所以，想要改善，就必须先学会理智客观地与对方进行互动。

当遭遇嘲讽、否定时，不要默默忍受，也不要发脾气或吵架，而应该保持好心态，做三组深呼吸，然后与对方进一步沟通。

——"你为什么会这么认为呢？"

——"所以你给予的评价是正面的还是负面的？"或"我想确认一下，你现在给予的评价是负面的吗？"

——"你给予的反馈，评判的是我整个人，还是这个事情？"

——"如果是你，会怎么做？"

——"所以我是否可以理解为，你只是想要说服我，让我认同你是对的，你的看法比我更高明？是这样的没错吧？每个人都有比别人优秀的地方，你也一样啊，同时我们也可以很好地取长补短、求同存异。"

——"如果不是想让我认同你，那么你的说服或反驳是希望达成什么呢？你对我的负面评价是可以帮到你自己还是可以帮到我呢？"

——"如果两方都帮不到，不如多给我一些正面反馈，这样我的体验好，同样我也会给你更多关于你的正面反馈。互相鼓励不是更好吗？这样可以共赢啊！"

——"如果认为负面评价可以帮到我，那么我要说说自己的感想，谢谢你的负面反馈，但现在我的心理体验不太好，希望你能站在正面的角度，给我一些中肯的意见或建议。"

——"如果你不能给我中肯的意见或建议，字字句句都要先对我整个人进行否定，那么没必要继续沟通了，因为现在你给我的体验很糟糕。"

上述话术的目的如下。

其一，不要着急下结论，而应该先问问对方，是真的在针对你整个人发表负面评价，还是仅仅就事论事。

哪怕他明明是针对你这个人，但欲盖弥彰，声称自己"对事不对人"，也没关系，因为接下来的提问总会让虚假的"为你好"立刻遁形。

所以第一步我们要调整好自己的情绪，不要收到负面反馈立刻就萎靡、消沉。要"化被动为主动"。对于社交敏感者来说，主动沟通非常重要。

其二，通过不断深入的提问，帮助对方厘清思路，让他看到内心深处的真实目的。

到底是"为你好"，还是希望通过打压你来彰显他自己的优越？到底是"客观提建议"，还是为了找个由头以发泄负面情绪？

他发表的关于你的负面反馈，能帮到谁？他自己，还是你？如果双方都没有从中受益，反而情绪还因此而被消耗，那么接下来我们就直接告诉他："请你闭嘴，出去。"

其三，通过深入沟通和交流后，发现对方不接受厘清思路，一定要发表主观的负面反馈，带给你负面情绪，这时基本可以断定他是故意的。

下结论之后，就要立刻中止沟通，并将你的感受如实地反馈给对方："你让我不高兴了，我必须让你知道。"这很重要！

不要担心对方抱持"看到你不高兴，我就高兴了"的恶意心理来挑衅你，社交敏感者最重要的就是敢于表达真实感受。

千万不要在初期阶段打肿脸充胖子，明明很生气，却还要假装无所谓，没必要这么做。我们"敢于表达真实感受"并不是为了他，而是为了自己，是为了迈出"自我表达"的第一步。

当被他人"夸赞、认可"时，不要内心深处百转千回，总觉得对方是在挖苦你，给你难堪。这时我们仍然可以通过"提问"来进行沟通。

——"你认为我在这方面表现得不错？可以具体说说吗？"

——"能否深入说说，你是通过哪些具体的事情得出结论，认为我在这方面比较出色呢？"（举例法）

通过深入具体的发问，让对方说出关于你的更详细的正面评价。

如果对方能举出具体的事例，而且他说得越具体，说明对你的夸赞越是真诚的、真心实意的、的确如此的。如果对方只是说"我觉得你在这方面不错"，但具体又说不出什么，这时他可能只是在跟你客套。

若对方听到你的提问后，打哈哈说："你这么认真做什么？我就是这么一说。"这时才可能是（注意，只是可能）在用"夸赞"的方式对你进行讽刺或挖苦。

不管怎样，这时我们都应该附上一句："谢谢你的肯定，你也很棒啊！"

这句话说出去后，真心夸赞你的人会更感到开心；只是客套的人不会把它当真，也不会往心里去；借着"夸赞"贬损讽刺你的人，则会把你的这句回应当成对他的回击，于是就会感到很生气，憋到内伤。

人与人之间就像一面镜子，当他给你什么，你做了同样的回应后，就会原封不动地反弹给对方。"以己度人"，他看到的不是你，只是他自己的光明面或阴暗面。

自我有清晰认知，积极肯定自己的优点，这样的人更容易挖掘他人的优点和价值，给其他人的反馈也往往都是积极、阳光、正面的。

对自我认知不清晰、稀里糊涂的人对其他人的评价更倾向于表面的客套，很少走心。这时无论你给他什么回馈，他也会认为别人都跟自己一样，只是"客气"而已。

极度自恋的人对其他人的评价更倾向于发自内心的轻蔑，给外界的反馈往往是负面的、消极的、充满打压的。这时无论外界给他什么回馈，他都会认为："你别有用心，你肯定有其他企图。要么是想利用我，要么是想坑我。总之你们都是坏人（蠢人），只有我自己最棒。"

所以，当社交敏感者被他人赞美时，不管是否能通过提问分辨对方的真实意图，都将他的赞美"全盘反弹"回去，肯定不会错。如图 2-1 所示。

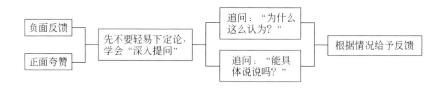

图 2-1   负面反馈与正面夸赞的应对

不要默默忍受！

不要内心"戏"太多！

不要还没发问就开始各种瞎寻思！

不要粗暴解决、大吵大闹！

不要陷入"你也不怎么样"的无力反驳之中！

不要被对方带着节奏走，要掌握谈话主导权！

2. 从"目标清晰、结果导向"开始做起

成大事者先做小事，想改善就从小事做起。

这一步的目的是通过设立小目标逐渐得到令自己满意的结果，从而获得愉悦感及心理满足。长期坚持，有助于影响潜意识之中的自我厌弃部分，逐渐学会正视自己的成果、价值，明确认识到自己并不是一无是处，并不是不值得被夸赞、喜欢。

（1）清早设定：今天的小目标是什么？比如，把房间收拾整齐，读一篇文章，背诵一个英语单词。

（2）晚上复盘：今天拿到了什么阶段性的小成果？这个成果对自己有什么帮助？

（3）今天做某事的过程中，心理愉悦度如何？享受这个过程吗？

（4）定期复盘：这些结果对自己的成长、价值提升、价值变现，有何帮助？

根据"过程＋结果"的情感体验及实际所得，就可以知道你喜欢并擅长哪些事，不喜欢且不擅长哪些事，见表 2-1。

表 2-1　过程、结果与倾向

过　程	结　果	倾　向
愉悦度高	容易达成结果 + 愉悦度高	喜欢 + 擅长
愉悦度低	容易达成结果 + 愉悦度低	不喜欢 + 擅长
愉悦度高	结果达成低 + 对结果的愉悦度高	喜欢 + 不擅长
愉悦度低	结果达成低 + 对结果的愉悦度低	不喜欢 + 不擅长

　　坚持一段时间后，记下你"喜欢 + 擅长"的项，考虑价值变现难易度后，以最容易变现或可持续性最强的项进行深入挖掘。通过自我肯定逐渐改变潜意识，让它不再与自由意志相对抗。

　　一年后看看结果，当你被嘲讽、否定时，不会再徒劳反击或气急败坏，更不会忍着憋着，而是能有理有据地展示自己的成果及价值。

　　而当再次被他人赞美、肯定时，你不会心虚地连连摆手拒绝，"没有没有"，或内心充满不安疑惑，认为"他该不是在说反话吧"，而是会充满自信、落落大方地回应："谢谢，你也很棒！"

　　将两种改善方法相结合，我们就有了很好的应对方法，具体见表 2-2。

表 2-2　外界反馈的应对方法

外界反馈	喜欢 + 擅长项	喜欢 + 不擅长项	不喜欢 + 擅长项	不喜欢 + 不擅长项
被嘲讽、否定	强调结果成绩 强调情感 反问对方："这方面你有什么成效？你的人生中有喜欢的事物吗？你有什么价值？"	强调情感："我非常喜欢这件事情 / 很欣赏自己的这个特质。" 反问对方："你的人生中有喜欢的事情吗？ / 你能说出热爱自己什么吗？"	强调结果成绩 反问对方："你在这方面取得了什么成效？"	反问对方："你觉得自己这方面做得怎么样？" 反问对方："能说说你的经验吗？我们都向你多学习。"

续表

外界反馈	喜欢＋擅长项	喜欢＋不擅长项	不喜欢＋擅长项	不喜欢＋不擅长项
被赞美、认可	"谢谢赞美，你也很棒！"			深入提问："能说说你为何觉得我在这方面很优秀吗？请举几个例子。" 回应："谢谢，你也很棒啊！"

当我们学会深入提问，并有客观准确的自我认知，下次再遇到嘲讽或赞美时，自然就会知道如何回应、如何反馈，再也不会感到无所适从、焦虑郁闷了。

2.4

自我疗愈第二步：清晰认知自己的优点

思考：你的优点是什么？

"我这人优点还是挺多的。"

"哦！能具体说说嘛？"

"就是——我觉得我挺多优点哈！反正很多就是了！"

"举个例子呢？"

"嘿，日久见人心，你跟我相处久了，自然就知道了！"

2.4.1　有优点还是没有优点？怎么评判？

上述对话几乎总能在日常中听到。我们经常碰到两类人：第一类，始终认为自己有好多优点，然而深入问下去，却说不出所以然。第二类认为自己毫无亮点或长处，没有任何可取之处；如果鼓励他，告诉他"你还是有优点的"，对方自己都不信。这都是源于人们对自我认知产生的"偏差"。

我们先来做个小测试。

（1）你认为自己优秀吗？

（2）如果觉得优秀，哪里优秀？能否举出事例？

（3）如果不优秀，哪里差劲？能否举出事例？

（4）你认为自己是怎样做到这么优秀／差劲的？能否尝试将其中的历程一步步

地写出来？

（5）你认为每一个优秀 / 差劲的项，各能打多少分（从 – 10~+10 分）？为什么？

（6）你认为目前优秀的项，能为自己带来什么价值？你认为目前差劲的项，会让自己遭受什么损失？

以上测试题中，每一题都比前一题更加深入；如果随着题目的继续，你的回答越来越费力，越来越含糊，说明你目前的认知跟实际情况是有偏差的。

那么，到底怎样的特质才能算是优点呢？怎么评判自己到底有没有优点？有多少优点？

我们来看一个案例。

小明的父母对他很严厉，从小就严加管教，稍有不妥就是一顿呵斥。这导致小明对他们言听计从，从来不敢表达不同的看法。

两年前他谈了个女朋友，原本感情挺好，但最近女友却要跟他分手。为什么？小明哪里不好了？父母想不明白，在他们看来，自己孩子挺好的。他们认为，小明的优点是听话，让干什么就干什么。"这孩子最大的优点就是让人省心，从来不跟我们顶嘴。哪个女孩子看不上他，那简直就是她的损失！"然而他的女友却不这么认为，她觉得小明太缺乏主见了，什么都要让父母做主。俩人的出租屋想换个落地灯，小明都要跟父母"申请"。不仅如此，这么大的人了，连工资都要上交家里，这像话吗？当然，他也不是全无优点。女友认为，小明最大的优点就是顾家——别人下了班还耗在公司，参加各种应酬，小明则每天都按时回家，从来不让她在这方面操心。

但上级可不这么想，每当小明到点就下班，他都觉得牙痒痒："小明没大毛病，就是不愿意加班。这个员工私心太重，只顾着自己家里那点事。"

看完这个案例后，各位可能已经晕了——这么说来，小明到底是有优点还是没有优点啊？他的优点到底是什么呢？

来看另一个案例。

小张工资比较高，工作很好，人非常老实，日常也没别的爱好，就是喜欢发了工资后跟几个朋友到外面聚聚。因为圈子里他的收入最高，所以每次聚会后都是他埋单，坚决不让其他人出钱。

日久天长，周围朋友都说："小张人很好，最大优点就是大方、厚道、不计较。回回吃饭都是他结账，真的很够朋友！"

小张媳妇儿听到这话就急了："他们当然说他厚道了！赚那点儿工资月月都不剩，都给外人花了！还想让我生孩子？拿什么生？做梦去吧！"

我们再看最后一个案例。

小丁总是没有安全感，认为如果不多赚钱，自己就一无是处。也正因为此，她非常珍惜目前的工作，常年在公司加班，经常九十点钟才回家。老板提起小丁，就连连夸赞："小丁最大的优点就是能吃苦，一心扑在工作上，还不计较加班，非常识大体，很为企业着想。"

但她父母不这么认为："什么能吃苦啊？能吃苦算优点？逢年过节宁可在公司加班，也不回老家，没有尽到一天陪伴父母的义务，多自私！真是掉钱眼里了！"说着说着，忽然又话锋一转："但我家闺女也有优点，就是特别节俭，自己省吃俭用，把工资都寄给家里了，这方面还是挺孝顺的。"

小丁老公听到这个评价后，连连冷笑："赚的钱都给她家里花了，为我们这个小家是一分钱都不出。从结婚到生孩子，到儿子上学，都是我出的钱，不知道的还以为是我一个人生的孩子呢！"同时，她老公又说，"但是小丁也有优点，热心。我父母生病，都是她忙前忙后。"

这一点在朋友看来就不能同意，提起上述连连摆手："小丁哪里都好，就是喜欢感情用事，经常用公婆的事情来麻烦我们，但我们又不好拒绝。现在看到她来电话，都不敢接。"

看完上面的案例，大家会发现：不同利益立场的人，对同一个人的优点评价可能完全不同。

那么，他们往往是基于什么依据或原则对其他人的优点进行评价的呢？

案例中，小明的父母认为他"听话"是优点，源于他们能对小明实施全方位的操纵、控制。小张的朋友们之所以认为"厚道大方"是他的优点，是因为跟他一起吃饭时，其他人不需要花钱。小丁的父母认为"孝顺"是她的优点，是因为她往家里寄了很多钱；但同样的事情在她老公看来，就完全不是优点，反而成为大大的缺点了。

由此我们可以发现：当某人评价其他人有什么优点时，更倾向于站在自己的利益立场去考虑，而不是客观地根据对方真实的价值去评价。

这源于人的利己本性：当对方能满足自己的利益立场、主观意志时，这个人的特质就会成为优点。至于该优点到底是否会对当事人造成损害，又到底为社会创造了多少效益，评价者往往并不关心。

问题来了：既然不同的人有不同的评判标准，那么到底该如何衡量自己有没有优点？有什么优点？怎样才算是真的优点呢？

优点应该是站在当事人自己的利益立场进行评价。

评价时，不应以其他人的利益立场为主导，而应先看看是否符合当事人自己的利益立场，是否符合自己的有边界利益，即该特质能否让当事人实现"有边界利己"。

问题来了：什么叫作"有边界利己"？

很多人对"利己"二字唯恐避之不及，认为它等同于"自私"。实际上前文已经提及，每个人都是利己的，任何人都希望外界的发展符合自己的利益，满足自己的需求，这是天然人性，无可厚非。

此时，实现"利己"的过程、方法、手段、结果之"合理正义性"就显得尤为重要。可以从以下几个方面衡量。

- 它是否会影响其他人的合理、合法权益或利益？
- 它是否会触犯法律法规？
- 它是否会成为操控、压榨或盘剥他人的借口？
- 它是否会对社会构成危害性（含自然生态）？

诸如此类，都应该纳入评判标准。

一个人出于利己的目的努力上班、玩命赚钱、艰苦朴素、勤俭节约，这时他的利己就是有边界的，因为实现自我利益的同时，不会损害别人，不会危害社会。

然而如果他因为利己而踩着别人往上爬、恶性竞争，甚至违法犯法，这样的利己就是无边界的，因为在它践行的过程中，已经侵犯了其他人合理合法的正当权益、利益。

回到本段主题，评判一个人具备什么优点，首先要明确的就是该优点必须符合他自己的利益立场，能让他实现有边界利己。否则，这就只是其他人眼中的优点，与当事人无关。

当个体具备的优点不仅能符合自身利益，还能为社会创造价值，被社会所需要时，它就晋级成为"个人价值"了。

简而言之，优点必符合以下要素：首先有边界利己。如果满足此项的基础上，同时具有社会价值（被社会所需要），则可以晋升为"自我价值"。

2.4.2　优点与价值的区别是什么?

社交敏感者大多不知道自己有什么优点，更找不到自己的价值。这时该怎么办？有个简单易行的小方法，就是坚持为当天的事情做记录。例如，今天完成了什么；今天哪件事让自己感到很开心，为什么开心；今天自认为哪件事做得比较好（或有成就感）。

我们可以从细微的小事做起，比如小童是这么做记录的：

【2019 年 5 月 19 日】

朋友不开心，她给予安慰。

公交车上给老人让座。

把房间打扫得很干净。

认真完成了一项工作。

帮助了一个同事。

还清一张信用卡。

网上转发了一个求助。

用表格罗列出上述小事，就能看出反映了她的什么特质，见表 2-3。

表 2-3　事情及其反映的特质 / 品质

令自己觉得很满意的事情	反映的特质 / 品质
朋友不开心，她进行了安慰	关心他人，乐于助人
公交车上给老人让座	关心他人，乐于助人
把房间打扫得很干净	爱干净整洁

续表

令自己觉得很满意的事情	反映的特质 / 品质
认真完成了一项工作	较好的执行力
帮助了一个同事	关心他人，乐于助人
还清一张信用卡	较好的自我管理能力及约束力，对理财有规划
网上转发了一个求助	关心他人，乐于助人

列表后，看看哪个项出现次数最多，然后根据前文原则要素评判：是否能有边界利己；是否为社会创造价值，需求度如何。见表2-4。

表 2-4　事情、反映的特质 / 品质、是否有边界利己及对应的社会价值

令自己觉得很满意的事情	反映的特质 / 品质	是否有边界利己	社会价值
朋友不开心，她进行了安慰	关心他人，乐于助人	情感愉悦	被他人需要
公交车上给老人让座	关心他人，乐于助人	情感愉悦	被他人需要
把房间打扫得很干净	爱干净整洁	情感愉悦	被自己需要
认真完成了一项工作	较好的执行力	帮助赚钱	被企业需要
帮助了一个同事	关心他人，乐于助人	情感愉悦	被他人需要
还清一张信用卡	较好的自我管理能力及约束力，对理财有规划	帮助省钱	被自己需要
网上转发了一个求助	关心他人，乐于助人	情感愉悦	被他人需要

列表后，小童到底有什么优点以及具备什么价值，就非常清晰直观了。

优点：小童很关心他人的感受、处境，具有同理心，非常乐于助人。

价值：将符合优点的项及"被他人需要、被企业需要"的项拿出来，进一步深入思考如果应用在职场中，什么领域／岗位需要这样的特质？

经过分析及整理后，我们发现，服务类、咨询类行业，或协助类、服务性质岗位，最需要这类特质。

于是小童的"自我价值"被确定了：具有极强的服务意识，敏锐地发觉他人需求，乐于为他人提供帮助和支持。执行力较强，可以按时完成工作任务。

此时，当她再面对外界的夸赞或批判时，能否套用上述表格，进行清晰的自我认定呢？

再举个例子，虽然小赵认为自己有优点及价值，但她家里人不这么看："又懒又馋，不洗衣服不刷碗，哪个男人肯娶你？以后嫁不出去，就等着孤独终老吧！"

小赵的朋友则说她："你的很多想法都很幼稚，不切实际。做人要尽快成熟起来，你这样怎么行？"

我们将上述评价进行整理，见表 2-5。

表 2-5　自己满意但其他人不满意的事情及其分析

自己觉得很满意但其他人不满意的事情	反映的特质／品质	是否有边界利己	社会价值
事情：忙着学习，没帮父母刷碗 自己满意的：将某课程的第三章自学完成了 父母不满意的：没帮忙刷碗	执行力较好，按时完成课业	成就感	对找工作有帮助
事情：起床比较晚，睡到上午十一点 自己满意的：得到了充分的休息 父母不满意的：起这么晚，哪个男人肯要她？	无	休息好了，心情愉悦	无
事情：自己的衣服放了三天没有洗 自己满意的：有更多完整的时间学习了 父母不满意的：堆了太多，又不洗，占地方，太懒了	无	避免因洗衣服而中断读书	无

续表

自己觉得很满意但其他人不满意的事情	反映的特质／品质	是否有边界利己	社会价值
事情：跟朋友说想去深圳发展 自己满意的：有了清晰明确的目标 朋友不满意的：说不清，总之认为自己很幼稚	目标清晰，有规划	增强内驱力，更有奋斗力	无
事情：有问题不太懂，想请教前辈 自己满意的：不懂就问，能有收获 朋友不满意的：问的问题太幼稚	好学好问	通过请教他人得到知识收获	无
事情：路遇占座的，看不过说了两句 自己满意的：仗义执言，挺身而出 朋友不满意的：这么做太幼稚了	富有正义感	认为自己是被他人需要的	为"秩序的遵守"而勇敢发声

　　第一项"忙着学习"同时满足有边界利己及社会价值两个要素，所以该特质既是优点又是价值。

　　第二项"起床晚起"虽然符合有边界利己，但并未反映出任何特质，所以不能算作优点，也不是价值。

　　按照此标准类推，最后可以看出，在家人、朋友眼中都是缺点、毛病的项，真实情况并非如此。六项"问题、缺点"中，有两项既是个人的优点又具有社会价值。有两项属于个人的优点，但没有社会价值。既不是优点又不算价值，但提供了自我满足、愉悦度，让自己觉得很开心的，占两项。

　　上述三种分类各自占比1/3，站在当事人的利益立场来看，没有任何一项是"缺点"。

　　接下来我们要进一步分析让对方感到"不满"的项，是否给他们造成困扰或麻烦。通过分析可以看出，有两项可能影响到其他人（即父母），分别是没帮父母刷碗以及自己的衣服没有及时洗。既然跟父母同住，就应该避免给对方添麻烦，也不应给对方增加困扰。所以小赵目前需要改正的就只有这两项，其余大可维持现状。

　　当社交敏感者利用上述方法对自己的优点和缺点进行客观、逻辑性的评估后，还会感到困惑、茫然、焦虑吗？还会自我厌恶地认为"我一无是处，完全没有任何优点可言"吗？现在，你知道该如何明确自己的优点及价值了吧？

引申思考：很多人任劳任怨一辈子，被他人夸赞时都是优点，然而这些优点并没有帮当事人多赚一毛钱，反而不断往外贴补。这时，此类特质有什么用？对其他人而言是优点，对当事人自己却是损害。这样的优点，你敢要吗？

2.4.3　所有人都否定你，是否真的能体现客观事实？

有的社交敏感者在过往人生中，接收到的所有反馈几乎都是负面的。父母、家人、朋友、老师、上级等都对自己持负面评价，没有一个人说自己有优点。这时应该怎么办？

如何从"一片否定"中挖掘自己的优点？我们可以先从挖掘自我价值开始做起，仔细思考你能做什么、你能做好什么。

评判方法如下。

（1）执行过程中成就感、愉悦度较高。（喜欢）

（2）执行过程中不太费力气，很少卡壳、拖延、开小差。（擅长）

（3）执行速度较快，质量较高，结果比较理想。（擅长）

（4）同一件事情，在不同情况下都能保证按时完成。（擅长）

（5）同一件事情,在大部分时候及场景去做都能得到满足感,觉得乐在其中。（喜欢）

（6）同一件事情，十年如一日，自发坚持在做。（喜欢）

（7）同一件事情，大部分情况下能达到理想结果。（擅长）

以上，同一项工作／事件，满足的项越多，说明你越喜欢，越擅长这件事。我们也可以结合前文提及的方法综合进行。每天对做过的事情进行评判，坚持一段时间后，回顾看看哪些工作／事情符合上述特征。

社交敏感者经常能做到且能做好的事情是什么？给大家一些参考项：善于倾听，服务意识，关注他人需求感受，关注外界反馈，尽可能通过自己努力让他人获得满足、愉畅、舒适，对他人充分尊重……

上述项可通过从事咨询、服务、调研、社群运营、商务协助等领域来进行价值变现。

接下来，我们可以用价值变现的程度来做自我价值衡量、验证。变现程度越高，说明你的自我价值度越高；受职场的欢迎度越高，则社会价值需求度越高。

哪怕只是做客服，也并非每个人都可以做好。你能做好，那么你就是优秀的。再通过做"客服"的价值深挖，可以发现你或许具有下述优点：耐心、细致、缜密、敏锐、直觉强……此时，周围人再对你进行否定、打压、批判，说你一无是处时，你可以理直气壮地用自己价值的变现程度去回击他："我的优点很多，而且都可以很好变现。我认为自己做得很好，非常优秀。"

世界上最能验证是否为优点的方法就是"该特质是否有边界利己"，最能验证价值的方法就是"看他能通过此特质赚到多少钱"。这个评判标准看上去简单粗暴，然而的确有效。

那么，当上级、同事也对你持否定评价，说你没有优点且因此而减少了你的奖金，这时该怎么办？

首先，关注对方的需求。当对方给予你负面评价时，不要退缩、委屈、迷茫，大家坐下来开诚布公地聊。对方希望得到什么、希望你注意哪方面问题，让对方讲清楚、说明白，自己做好记录。

接下来，对照对方的需求，看看你的真实优点、价值能否满足对方所需。比如，当上级批评你"死脑筋、太笨、不懂灵活变通"时，你发现自己的优点其实是"倾听、关注对方需求"，目前的优点无法满足他的要求，这时应该怎么办？我们可以从以下两方面去思考。

第一，能否培养灵活变通的能力、意识，挖掘新的优点？

第二，能否跟上级沟通，让他安排些可以充分发挥现有优点的工作？

如果你不知变通，那么可以避免从事对外的、需要圆滑处事的岗位，转而从事服务型的、提供帮助支持类的且需要一定原则操守的岗位。也就是说，此项特质在某些岗位是缺点，但到了其他岗位说不定会成为优势。比如在财务、审计类岗位中，"不知变通"就会成为优点，因为这意味着任职者能坚持原则，坚决遵守规章制度，有效维护企业利益。

职场中并无真正"一无是处"的废材。每个人都是有优点以及价值的，最大的区别在于你以及你的上级是否真的看到了这个价值，将你放在合适的位置，并让它很好地发挥出来。

小　结

想要弄明白自己有什么优点，首先要对优点的定义有明确界定：它是由评价方决定还是由你自己决定？是应该站在评价方的利益立场还是应该站在你自己的利益立场？

符合评价方利益但损耗你的利益、时间、长远发展等这样的"特质"对你而言，算优点吗？

当我们谈到自己的优点时，应该站在自我的角度去考量。实际上本书所有方法及建议的出发点，都是希望社交敏感者多站在"我本位"思考问题。

你之所以经常被社交人际困扰、焦虑，归根结底是自我意识薄弱。所以我们需要从每一个细节入手，站在本我的角度去评判。

"我有什么优点"——主体是"我"，则该特质必然要符合"我"的有边界利益立场，能让"我自己"得到愉悦感、满足感、成就感。在此基础上，如果它还被社会所需要，能拿到社会上去变现，这时该优点就同时成为自我价值。

我们分享了一套简单易行的方法去发掘自己的优点及价值，明确这件事之后，自我意识感提升，就能减少对外界负面评价的迷茫和困惑。

第 3 章

CHAPTER 3

你也可以游刃社交

人在旅途，需要两条腿一起走路——这两条腿分别是参与社交及学会独处。

敏感者对社交或独处的厌恶源于自我存在感的失衡，他们是非常脆弱的一个群体，主要体现在情绪脆弱、意识脆弱、意志脆弱、信息接收脆弱。这四大弱点会让他们容易被操控、排挤、孤立，尤其当遇到天敌——高自恋特质者时，必然会被围剿。

3.1

独处，好还是不好?

有人认为，独处能让自己有放松、舒适的感觉，而社交往往累心又劳神。喜欢独处的人放弃了"社交权利"，随之而来也就放弃了更多的信息和机会。

讨厌独处的人则宁愿累心劳神，也不愿意一个人待着。他们希望能有人陪伴，为了达成这个诉求，一再压抑自我需求，直到彻底迷失自己。

3.1.1 社交敏感者对独处的三种态度

社交敏感者对独处的态度往往分为三种。

1. 自身性情使然，喜欢独处，觉得一个人更轻松自在——"独处让我更惬意"

我曾问过某咨询者小然："你为何更喜欢一个人待着呢? "

小然回答："人多了就麻烦，总需要迁就大家。此外当自己想逛街、看电影时，总会担心对方是不是不感兴趣、是不是会无聊，于是只能放弃。如果自己一个人，就没有烦恼了。"

我问："也就是说，上述都是你自己的'内在想法'，无论是不想迁就他人还是希望他人陪你一起，都从未正面跟对方直接沟通过，所以并不知道对方到底是会觉得无聊还是会感兴趣，对吧? "

小然点头："是的，只是自己的担心而已。拒绝他人会觉得不忍心，也担心因此而被讨厌；邀请他人怕被拒绝，所以也不敢开口。"

绝大多数喜欢独处的社交敏感者都有类似问题：不好意思拒绝他人；不敢邀约他人与自己同行，即不敢提出自己的要求/请求。一切都只是停留在"内在猜测"层面，从没（或很少）真的通过直接沟通去询问对方的看法、态度、喜好。

2. 跟他人在一起时总喜欢比较，然后陷入自我厌弃，心态会崩溃，所以更喜欢一个人

受访者小方表示，他认为周围人都比自己优秀，比如家世、背景、学历、专业、工作，以至于每次跟别人交流后，都产生很深的挫败感。

"层次差得太多了，人家都很优秀，而我什么都不是。每次这样的社交都会觉得很累，更觉得自己一文不值、失败透顶。时间久了很累心，再也不想社交了。"

另一个受访者小迪说："即便同样的层级，也会有无力感。我一个朋友家境非常好，高中后家里出了 200 万元让他去留学；另一个朋友成绩不错，考进北大了。大家认识这么多年，只有我一个人在原地踏步，甚至越活越没长进。每次跟他们一起玩，都会深深地讨厌自己，恨自己为什么这么无能、这么糟糕。"

当我问及"你有没有纵向、对内地跟过去的自己做过对比"时，他则表示："没什么可比的，十年如一日的废材，永远也不可能有什么长进了。"

我："也就是说，实际上你并没有好好地做过对比？"

小迪："没有，也没必要吧，我是什么样子，自己心里最清楚了。"

通过调查，我发现这类社交敏感者通常会对自己的现状、目前的生活充满无力感，经常陷入绝望、焦虑的状态中。他们认为周围人都比自己优越，比自己强；越是参照他人生活，越是自卑；久而久之，就对社交敬而远之了。

3. 不喜欢独处，这样没安全感

有些社交敏感者是群居动物，希望有人陪着，更希望通过群居获得周围人的赞美、认可、关注、关心。

小芬就是这样的人。童年及青少年时期，小芬的父母一直忙于生意。从上小学开始，小芬回到家都是孤身一个人，一个人吃着冷饭，一个人洗碗，一个人写作业，一个人看电视，一个人睡觉……久而久之，就患了孤独症。

"我不能接受自己一个人待着，那样太难受了。从小到大我都是一个人，非常孤独，完全没有安全感。只要有人能陪着我就行，哪怕跟不喜欢的人在一起也行。"

类似小芬这种情况的并不少见，他们大多源于孩童时期的长期孤单、寂寞。父母一直忙碌，很少陪伴，以至于他们对独处产生了深深的恐惧感。

成年后"必须群居"，其实是对孩童时期的创伤进行有意补偿。然而这就会导致一个问题：过于对外依赖他人的陪伴，万一对方离开了，或有了自己崭新的生活，怎么办？

小芬对此的看法就是："我会尽量迁就周围人，让他们尽可能喜欢我。只要他们喜欢我，就不会不陪我。"

我："这样一来，你就要委屈自己，压缩自己的需求，不是吗？"

小芬："还好，我最大的需求就是有人陪着，至于受委屈，就无所谓了。"

我："那么你总是会担心对方离开，是这样吧？"

小芬："是的，几乎每天都在担心，很不安，非常不确定某段关系的结果。"

如小芬一样，很多害怕独处的社交敏感者终日活在"恐惧被抛弃"的焦虑之中。幼年时因为无人关注、无人陪伴而深感不安，成年后因为担心其他人离开而深感不安，"不安感"成了他们人生的主要课题。

问题来了：当社交敏感者沉溺于目前的状态，更倾向于"独处"或"群居"时，他们就会对另一种状态更加排斥。

然而每个人都既要"社交"，又要"独处"，二者缺一不可；只能接受其中之一，而对另一种生活方式极度排斥的话，就会造成社交失衡。

社交失衡对人生的影响是方方面面的，可以这么说，学不会正常社交以及独处的人，很难有美好的未来。

3.1.2　到底该独处还是该社交？

喜欢独处的社交敏感者认为独处能带来以下好处。

- 放松，不用时刻紧盯外界反馈，非常舒适。
- 不用迁就他人，可以通过做自己喜欢的事情获得愉悦感。
- 避免因横向对比而产生心理落差。

不喜欢的则认为独处有以下坏处。

- 一个人久了，容易胡思乱想、钻牛角尖。

- 独自一人，容易感到孤独、寂寞、失落。

- 没有安全感。

- 没有伙伴，很无聊，看到别人成群结队的社交很羡慕。

上述都是站在社交敏感者自己的角度去看待"独处"问题的。那么，独处到底好还是不好？

当社交敏感者走入人群并进行交际时，他们更倾向于以下四种表现。

- 希望能更加轻松、自在，而不是时刻紧绷。

- 希望被夸赞、认同。

- 希望从人际中获得"被爱着"的感觉。

- 希望得到帮助、关心、照顾。

然而，社交敏感者想要的这些，往往都得不到，且因为过度关注外界反馈而产生负面情绪。无论是否喜爱独处，久而久之都容易陷入自我怀疑、自我厌恶、恐惧、不安的状态中，区别无非是在社交中还是在独处时罢了，见表 3-1。

表 3-1　社交敏感者的社交倾向、社交共同特质与区别

社　交　倾　向		社交共同特质	区　　别	
喜欢独处	社交恐惧	对外界反馈敏感，严密监控	社交时感到紧张、恐惧、不安	社交时，容易自我厌恶、自我质疑
害怕独处	独处时无所适从		独处时感到焦虑、不安、没着没落	独处时，容易自我厌恶、自我质疑

不管怎样，因是否独处而产生负情绪时，都应该想办法改善、解决，让自己恢复常规状态。

前面提及了社交敏感者眼中的社交，那么，正常的社交是怎样的？能带给我们什么呢？

正常的社交会让参与双方感到情感愉悦、心理满足，让彼此都意识到"我是被社会需要的，我有价值"。通过展示自己的优点及价值得到更多的机会、资源、渠道，甚至可以达成价值变现。

参照他人的优秀之处，让自己得到进步提升。

求同存异，通过思维、观点、态度的碰撞，让彼此的思维更加多元化，远离单元、狭窄、闭塞，大开脑洞，激发灵感，提高创意创新能力。

通过社交，及时调整自己的问题，纠偏。

社交能让我们意识到自己还有好多不知道的，激发好奇心和探索欲，从而学到更多东西，还可以让我们获得更多信息、知识、技能。信息非常重要，接触的人越多，掌握的信息越丰富，越有利于自己做出决策。

通过沟通锻炼口才，提升幽默感，让自己更具有人格魅力。

我们通过表3-2来看看对独处持三种看法的社交敏感者的关注点，与正常的社交有何不同。

表3-2　三类独处的社交敏感者的类别、关注点、眼中的社交及正常的社交

社交敏感者的类别	关注点	眼中的社交	正常的社交
第一类：更喜欢独处	放松、愉悦、舒适	紧绷、焦虑 总要照顾别人，顾及他人感受 不好意思拒绝 不好意思提出真实需求 难以有愉悦感 总是在意他人的反馈 不想引起其他人注意	愉悦感、被需要的价值感 互相尊重、照顾、帮扶 交流看法、感受 通过思维碰撞擦出"火花" 交流及幽默感带来愉悦 彼此鼓励、支持，带来认同感 他人的反馈只是"信息"，而不是"定论"
第二类：独处会更好	没有对比就没有伤害	互相攀比，捧高踩低 你比我弱，我就看不起你 我比你弱，我会妒忌你 弱者没资格社交	平等、友爱、尊重、包容 求同存异 认同感来自价值，而不是家世背景 向优于自己的人积极请教、学习 以优秀的人为参照进行自我观察、纠偏 以优秀的人为参照，让自己的目标更清晰明确

续表

社交敏感者 的类别	关注点	眼中的社交	正常的社交
第三类：不 喜欢独处	安全感、 认同感	希望被认可、被关注 希望有存在感 希望被包容甚至被照 顾、宠爱 "被陪伴"非常重要	适度的陪伴、适度的距离感 亲切但不过分亲密，友好并且各自 独立 包容但不纵容，随和但有原则底线 安全感来自内部自我价值及外部的信 任认可 互相付出，而非单方索取

喜欢独处的社交敏感者，虽然有自我存在感，但自我意识比较低，一旦走入人群，就会认为他人挤压了自己的存在，会觉得很不舒服，想立刻逃开。

不喜欢独处的社交敏感者，几乎没有自我存在感，不断向外界索求，依赖外界，通过其他人的认可、赞美、关注、关心、照顾甚至"宠爱"来验证存在感。

喜欢独处与不喜欢独处的社交敏感者的共同点都是不会正常的社交，很难通过社交人脉获得愉悦感，也很难有所收获。不仅如此，还经常因为社交而产生负面情绪，严重影响心情。这些源于他们对正常的社交并不十分了解。

当对正常的社交有一定认知并知道它可以给我们带来更多情感愉悦时才有可能改变原本的看法。

然而只有这一步还远远不够。很多社交敏感者知道积极参与社交对自己有利好，但就是不愿意去做，因为觉得这样并不会开心。

3.1.3 如何既独处又社交?

上述对社交或独处的厌恶源于自我存在感的失衡。要么存在感比较低，经常被他人挤压，所以人多的场合会感到不自在；要么彻底没有存在感，只能向外寻求，所以独自一人时会充满不安。

针对这个问题，我们要做的是适度提升自我存在感，我们可以从八个步骤进行。

1. 第一步是从独处中走出来

不喜欢独处者可忽略此步。社交敏感者不喜欢社交的最主要原因是总要迁就周围人，担心他人的反馈，所以经常陷入紧张、焦虑。这一步的目的是通过循序渐进地适应身边有其他人来提升自我存在感，改善存在感被他人挤压的现状。

我们可以在周围亲戚朋友中（或通过网上社交平台）找寻两三个同样对社交敏感的伙伴。大家结伴进行，约好固定的时间聚在一起，然后什么都不说，自己做自己的事情。你可以在此期间看书、看视频、玩游戏……总之每个人尽情做自己喜欢的事，尽量忘记周围人的存在，做到专注、专心。如果你找不到这样的伙伴，可以尝试邀约身边的同事、同学，一起就某个知识或某项技能进行学习或参加培训。

社交过程中，大家有比较重要的事可做，这时注意力会更倾向于关注在事情上，而不是周围做事情的"人"上。试想一下，当我们在学校课堂上听课，或在开放式办公室工作，这时你会因为周围人多而感到紧张吗？

所以这一步的核心要诀如下。

（1）走入社交中，融入人群，但不要关注社交中的人，而应该关注其中的事。

发生了什么事？大家要做什么事？这个事应该怎么做？记住这三个问题，通过社交去发现、研究、探索，能彻底扭转我们过度关注其他人的习惯。

（2）学会在社交中通过对事情的关注，将此事做好。

比如大家相约喝咖啡，社交敏感者会关注别人对自己的反馈是怎样的，自己哪里做得不好，让他人不高兴了，为何总觉得无法融入他人，为何他们好像不喜欢自己等此类问题。

我们要将上述对自己的关注转向关注咖啡的品质、味道，周围的环境，喝咖啡本身带来的感觉，一边关注，一边默默做记录，通过这个步骤转移自己的注意力。

好友们相约唱歌，社交敏感者会关注周围人的反馈及需要，别人的一个眼神或一个动作，就会让他们陷入苦恼、迷茫，不敢表现，不敢点歌，不敢唱歌，甚至不好意思吃小吃。

改变方式是不要关注唱歌的人，而应该关注唱歌这件事情本身。认真唱歌，认真帮其他人点歌，认真去听其他人唱。默默记下这件事情带给自己的感受，晚上回家复盘。

同学们相约去逛街，也要将注意力从人转移到事情上，逛街就要关注自己想买的商品，而不是总观察其他人的反馈。

一段时间后，留下你感兴趣的、乐在其中的事情，将不喜欢的、愉悦度较低的删掉。今后再有人提出你不感兴趣的邀约，就可以委婉拒绝了。

（3）通过做好事情获得愉悦感。

很多朋友喜欢独处，最关键的原因是自己做事更容易获得愉快、满足的感觉。现在我们要走出来，跟其他人一起做这件事，但同时大家的关注度还是要放在事情本身，而不是周围人的反馈。

当我们集中精力去做某事，比如在开放式办公室工作，终于将这项任务完成时，内心就会充满喜悦和成就感；当我们跟着好友去逛街，买到一件物美价廉的衣服，也会感到满足。

（4）将对事情的喜悦、愉快分享给同行者。

分享喜悦的目的是增强互动。我们不一定要在过程中频繁地跟同行者交流、沟通，但在结束时一定要跟对方分享自己的感受。

"今天一起喝咖啡非常开心！"

"今天唱歌好快乐呀！"

"买到了喜欢的衣服，很愉快！"

正能量的情绪会传染，当你将积极的感受传递给周围人时，他们的愉悦感及体验也会更好。

（5）关注对方的感受。

"今天你觉得怎样？"这是社交结束时必须沟通的一句话。很多社交敏感者不敢跟周围人沟通，有什么事情都放在心里，一个人瞎猜乱想，宁可自我封闭、胡思乱想好几天，也不愿意通过一句简单话术去跟对方面对面地交流。

这一步我们最需要改善的就是将一个人胡思乱想转为直面沟通、交流。

（6）为下次的社交做铺垫。

"下次咱们继续约呀！"这句话是在释放友善，示意对方："我愿意适当放开自己，我对你有较高的接纳度。如果你的感觉也不错，那么下次大家继续一起同行啊！"坚持这样做2~3个月，基础巩固后，第一步完成了，可以进行下一步。

注意：若因原生家庭、成长环境等原因，对亲密关系比较排斥，那么我们进行这一步时不需要太勉强自己，适当保持好与周围人的距离。

记住：社交不是为了讨好他人或强迫自己做不喜欢的事，它的目的是学习、提升，信息交流共享，得到更多资源、机会，扩大见识、视野，获得心理愉悦。

社交不一定必须亲密，所以不需要给自己太多的心理压力。当转换思维和角度之后，哪怕讨厌建立亲密关系的人，也能拥有靠谱、优质的社交圈。

2. 第二步是在同一个圈子中发掘更多一致性

这里的"一致性"指深入分析自己与周围人有哪些可以一起去做的事，此时需要主动跟对方沟通。我们可以询问对方："平时你喜欢做什么？""哪些事你喜欢有人陪着一起做呢？""通常你都什么时候有空去做这件事？"

通过上述三个简单话术就能知道双方对"做某件事"的喜好是否一致，时间上能否达成共识；同一件喜欢的事，是否都希望能有人陪伴完成。

第一步的目的是适应做某件事的时候周围有其他人，第二步则是在已经适应的基础上，跟周围人达成一致性。

这时要注意以下四点。

其一，哪怕某件事原本你可以一个人完成且偏爱这么做，但进行这一步时，尽量尝试跟对方一起完成。

其二，这样做虽然可能会稍微牺牲效率，但却有机会大幅度提升愉悦感。比如相邀一起去游乐场，同行过程中有人分享喜悦、好奇、新鲜感、亢奋感，这也会给你带来不同的体验。

其三，结伴同行虽然比独自一人时缓慢，却有机会通过观察对方的为人处世、做法、态度进行自我学习或提升，取长补短。比如相约一起去参加某个活动，这时可以多学学对方是如何在陌生场合与他人社交的。这样做的好处是身边有个朋友做参照，不至于自己闭门造车。

其四，通过思想的碰撞，说不定就能交流出火花。

有个朋友小贝，她从前对听音乐会完全没有任何兴趣，认为音乐是太高雅的艺术，自己欣赏不了。

有一次我把她约了出来，跟她说："你可以先尝试一次，如果真的不喜欢，下次也不需要勉强。"

她不好意思拒绝我，于是便同行。结果因为这次同行，她爱上了音乐会，回家后跟我说了很多自己的感受和体验。

"谢谢你给我留下这么美好的回忆。如果不是你，我真的不知道音乐会居然这么好听！"

当晚我们交流了很多对这类音乐的看法、感受、认知，聊得非常高兴。后来小贝跟我说，那是她第一次能跟一个朋友聊得那么投入、开心。如果是她自己做这件事，哪怕发现了音乐会的好处，但因为无人分享，也不会有这么深刻的印象，愉悦度自然也会相应下降。

有时我们对某件事情的热情不高，或认为没必要结伴进行，只是因为刻板印象，或有过不太愉快的经历。这时尽量保持空杯心态，将过往的印象、经历都清空，尝试重新开始。

把每一次与他人同行的社交都当作第一次体验，或许会有完全不同的感觉。

综上所述，第二步的重点在于面对面、坦率地沟通交流，如果发现对方和你就同一件事情感兴趣，则我们应该主动邀约："咱们一起去吧？"

社交敏感者往往不愿对周围人提要求，总怕麻烦他人。实际上这种担心大可不必，是否会麻烦对方，一定是问了当事人才能知道；如果连问都不问，自己乱想，不但降低愉悦感，对方也会感到莫名其妙、不知所以然。

再次强调：社交中有任何想法都要先询问对方是不是这么回事，切勿"闭门思过"。保持适度的开放性，勇于交流互动，它能帮助我们走出"过度独处"的怪圈，在人群中提高"自我存在感"。

3. 第三步是学会拒绝的确不感兴趣的话题或事情

当我们跟周围人具有一致性，共同对某些事情感兴趣时，接下来一定要保持自我，不要因为跟某个人在 A 事情上有一致性，就委屈自己、强迫去参与的确不感兴趣的 B 事情。

这里的"的确不感兴趣"有以下三种情况：

其一，跟同样的人一起进行过，期间的确更专注于事情本身，过程中及结束时也的确与其他人交流分享了自己的感受。

其二，交流后发现，无法跟同样的人交流出火花，也没什么可以跟他们学习的。同时进行既降低效率，又降低愉悦度，一无所获。

其三，跟不同的人尝试过做同一件事情，但都是类似结果。

上述都符合后，当他人再向你邀约时，应该学会说"不"。

"我也很想陪你一起去，不过这件事，我的确不是很感兴趣，下次你做某件事的时候，咱们可以一起啊！"

然而如果这期间至少有两次带给你良好的体验或让你学到东西，那么我们就要分析：哪类人带给你这种感觉？下次再做类似事情时，只选择对应特质的朋友，其他特质者都可以拒绝，以便达到最佳效果，即和不同的朋友做不同的事情，切勿把每一个朋友都当作"万能小神仙"。任何一个人都不可能同时满足你的所有喜好、需求，世界上不可能存在完全懂你的人，哪怕父母都做不到。社交时要保持好心态，接受朋友的不完美。

4. 第四步是学会对同行者提出小要求

有一次，几个朋友一起组织了一个出游的小活动，地点在北京郊区某个农庄里，可以玩很多游乐项目。

同行的一共五六个人，大家走走停停，一会儿玩卡丁车，一会儿骑马，一会儿又去租自行车……几个人叽叽喳喳，十分热闹，唯有小莹很沉默。大家提议去玩任何项目，她都默默跟随，完全没有存在感。当别人问她"你想玩什么"时，她也只是说："我都可以。"

久而久之，大家就把她忽略了。

等到晚上一起吃饭，其他人各自点餐，只有小莹仍然很沉默，嘴上说着"我都可以"，然而我能看出，实际上她并不开心，也完全不享受这次出行。于是我把菜单塞给她，说："点两个你喜欢吃的，万一我们也喜欢，还能跟着一起吃呢！"

劝了两三遍，她才终于拿起菜单，很不好意思地点了两个菜，点菜期间还不断征求其他人的意见。

这样的社交不仅当事人自己累，周围人也累，因为总要时时刻刻照顾对方。正常社交者更倾向于直来直去，直接说出自己的要求，大家彼此求同存异。而社交敏感者则往往都是小莹的表现：不敢说，不敢做，不敢提出任何要求，生怕麻烦到别人，惹大家生厌。

这一步我们要改善的就是在小事上向他人提出要求。不让他人总是照顾自己，也不让他人总是忽略自己，这才是最好的社交。让人照顾别人累，被人忽略自己累。优质社交是大家都不累。我们要学习的，就是在二者之间取得平衡。

记住：绝大多数小要求并不会麻烦别人。对其他人而言，如果适当照顾你的需求能让你得到愉悦满足，他们自己也会很开心。

人们都有"希望被他人需要"的情感需求，如果你一直不满足别人的这个需求，久而久之别人就会忽略你的存在，那么社交中你就会退回到看似安全而实则毫无存在感的角落中去，无法体验社交带给自己的乐趣。

那么，什么样的小要求是可以在社交中放心提出来的呢？

- 让朋友偶尔帮忙拎一下包或照看一下物品。
- 逛街时看到自己喜欢的店面，可以示意其他人："你们先逛其他，我进店看一看，稍后在某某咖啡店那里集合吧！"（既满足自己需求，又不浪费其他人的时间。）
- 点餐时，至少点一道自己爱吃的菜，并将这道菜推荐给周围人："我很喜欢这个菜，你们也试试呀，真的很好吃！"当一份菜不够吃的时候，敢于让服务员再加一份。
- 顺手的小忙都可以提出，比如请就近的人帮自己点歌、递东西、占个座位。
- 请教小问题，探讨对方了解的小方案。

社交过程中，适当提出自己的小要求，对双方都有好处。其他人并不希望你做一个隐形人，否则他们也会很尴尬。最理想的状态就是你迁就我一下，我迁就你一下；你跟我提个小要求，我再跟你提个小要求。

通过这种方式达成更亲近的互动，有效拉近距离，消除社交不适感。

5. 第五步是学会在"多人行"中找到自己的位置，提升愉悦度

如果问"哪一类社交最让敏感者头痛"，可能非"多人行"莫属了。

"多人行"，顾名思义，就是参与人数超过两个人的社交场合。人数越多，社交敏感者越感到压抑、紧张、焦虑、不适。这类社交如何应对？总是没有存在感，效率和愉悦度都大大降低，怎么办？

（1）多人社交场合中，没必要面面俱到。

面面俱到会让自己疲惫、心力交瘁，这时只重点跟住一两个人就可以。通常我们可以挑邻座的两个人或找比较熟的人一起互动交流。

同时，没必要在多人社交中去帮所有人夹菜、倒水、点歌、拿东西。你是去社交的，不是去做服务生的。这些小事除非对方开口，否则不需要做。我们在这类场合照顾好自己，让自己吃好喝好玩好即可。

（2）多人围在一起吃饭或进行其他活动时，没必要非得表现自己。

社交敏感者总觉得多人场合时容易被忽略，没有存在感。实际上，绝大多数其他人这时也正处于"观察"阶段，他们也同样正在"被忽略"着。

人的专注度是有限的，同一时间只能对一两件事情保持专注，再多就看不到了。所以大家的注意范围通常都集中在自己的左邻右舍，再远些的很难关注到。

不必总觉得自己在这类场合没有存在感，大多数人都这样，这是非常正常的。这时我们需要做的是关注事情，即这次社交的主题是什么。

如果只是认识的、不认识的一起吃饭或聊天，跟邻桌交流就可以。如果是有商务往来或其他目的，重点关注能达成目的的相关人员，为他们提供好服务。

（3）非商务类与商务类场合中能否提出自己的小要求？

非商务类多人社交场合可以提小要求，但要把握好度，这样做的最大好处就是告诉其他人自己是存在的。

商务类则视情况而定，比如若你希望点两道自己喜欢的菜，参考话术如下。

"某总，给您推荐一道菜，它的特色是……您可以试试看。"（既刷存在感，又吃到自己想吃的菜，一举两得。）

（4）多人社交场合中，绝大多数人并不会注意到你。

这时完全没必要总是监控其他人的神态、表情、举止、动作，一直担心自己哪里说错做错，惹对方讨厌，让自己尴尬。

我们不要总是胡乱担心并不存在的问题，实际上你并没有自己想象的那么重要，那么引人注意。大部分人根本注意不到你，他们更关注的是这次社交的主题、目的、能达成什么，自己的需求和感受又是什么。

收起敏感的小心思，让自己尽可能自然一些、放松一些。

（5）三人行，自己总是落单的那个，怎么办？

社交敏感者尽量避免"三人行"。实际上任何场合下，三人行都经常会有一个人被冷落，不管他是不是社交敏感者，都容易出现这种现象。所以，我们尽量选择四人或以上的社交，然后按照前面的方法进行。

6. 第六步是拒绝横向比较，只跟自己作战

社交敏感者之所以不愿意从"独处"中走出来，还有一个原因：一旦接触他人，就会情不自禁地做对比；一旦对比，立刻被伤害。这时我们应该转变心态。

原来："这个人家里真有钱，花了几百万元给他买房呢！但我什么都没有。"

现在："这些年我通过自己的努力，有了一定的积蓄，回家后要好好盘点一下，怎么将这些积蓄更好变现？"

原来："他赚得真多，总带孩子出国旅游呢，啧啧！"

现在："他是怎么赚那么多的？有没有可以合作的机会？我该向他学习什么特质，以便自己也可以赚那么多钱？"

原来："每次聚会他们都穿大牌，戴首饰，只有我自己，什么都买不起。"

现在："大牌和首饰真的是自己需要的吗？我最想要的是什么？我要怎么努力才能得到自己想要的？他们都是怎样努力的？他们的经验有无可借鉴之处？下次见面能否跟他们请教一番？"

原来："他运气真好啊，三年升了两级！羡慕嫉妒恨。"

现在："他是怎么做到三年升两级的？下次我要跟他请教，学习优点，争取自己也能尽快晋升。"

我们看待事情的角度不同，思考的切入点也会不同。转换另一个点去切入，会发现社交有很大乐趣——原本被你酸的那些人，现在摇身一变，都成了你的老师、你的机会、你的人脉资源。这时，你还会对"社交"产生排斥感吗？

7. 第七步是学会适当跟自己相处，同一件事既能通过社交达成也能自己完成（只喜欢独处者可以忽略此步骤）

前面几个步骤都是让我们努力走出独处境域，尽可能参与社交。接下来则要平衡一下，以免过犹不及。此外，这一步也很适合不喜欢独处的社交敏感者进行参照。

（1）不过分依赖社交，没人的时候也能愉快地享受独处时光。

人既是社会性动物，又以独立的个体存在。我们在社会中要有社会一致性，而独处时则要保证自己的独特性。

只愿意独处而不愿意社交，则无法融入社会，自我价值难以通过社会得到良好体现。这时容易患得患失，出现情绪问题。

只愿意社交而不愿意独处，就会失去自我独特性，这时很容易对外界过度依赖，导致无法接受被抛弃，无法接受对方离开。为了保证对方一直都在，就容易形成讨好型人格（或控制型人格）。

（2）为自己留出私人时间、空间，保有私人边界感。

很多社交敏感者对边界感的界定比较模糊，而学会独处的一大好处就是能让我们明白什么是自己的、什么是别人的，自己的能否成为别人的，别人的能否成为自己的。

当独自一人时做出了业绩、成效，取得了价值、利益，这时你愿意将它拱手让人吗？当独自一人也可以充分体验到乐趣，那么还愿意让他人无时无刻地挤占自己的时间吗？当有了清晰明确的边界感，才能增强自我意识，它有助于我们在社交中保持比较强的自我性。

（3）社交中无法达成的愉悦感或效率，留给一个人独处时进行。

任何事情都有利有弊，社交的确有很多利好，但也会有弊端。我们不应因为一点弊端就彻底与它隔绝，然而面对弊端也不能放任不管。这时，将弊端挪到独处时去补足，是非常好的方法。

（4）社交时搜集信息，集众家之所长；独处时整理汇总，分析深思。

社交时适合交流、互动、分享，独处时适合理解、深挖、融会贯通。社交时适合对比、互补，独处时适合纠偏、总结。

人在旅途，需要两条腿一起走路，这两条腿分别是参与社交和学会独处。过度依赖独处或社交都会难以平衡，我们要做的是两条腿一起发力，这样才能得到平衡，才能走得更快、更稳。同一件事情，要让它通过社交得到一部分提升，通过独处得到另一部分提升。两种方式都能有所得，有成长，得到进步。

（5）学会在独处时建立安全感。

①以另一个视角去尝试同一件事。

一个人做这件事，其实是在过另一种人生。我们不应只有一种人生，而应有很多种不同的人生，都体验一下才不会留有遗憾。相同的一件事，大家一起做，与一个人独自完成的感觉是完全不同的。如果想让自己的人生更丰富，不应只体验一种，而应进行多种尝试。

②通过多培养兴趣爱好来挖掘自我价值。

自我价值一定与兴趣爱好紧密关联，我们很难在不喜欢以及不擅长的地方得到自我价值的认同。

你的价值到底是什么呢？多尝试几种活动，比如跳舞、瑜伽、健身、游泳、骑术、绘画，从中找到自己最感兴趣的。阶段性地给自己制定小目标，完成它，收获结果。

大家可以在一个人的时候完成这件事，充分感受其中的愉悦感和满足感，并分享给朋友们（或分享在社交平台上）。

8. 第八步是学会提升个人魅力

所谓"个人魅力"并不是单一的某种特质，而是整体上给他人的感觉、感受。具有个人魅力的人走到哪里都闪闪发光，想降低存在感都很难。他们天生亲切、亲和、人缘好，跟任何人都能打成一片。

社交中如果想更进一步，就需要让自己具备个人魅力。没错，哪怕你是一名社交敏感者，但只要想，就一定可以做到。

（1）既要保持群体一致性，又要保持自我独特性。

一致性主要有如下三种表现，仅供参考。

- 穿衣打扮的风格符合当时场合，而不要跟场合格格不入。比如普通聚餐时不要穿得太正式，休闲游玩时不要穿得太正式，诸如此类。
- 谈话及行为举止符合当时背景。比如，不要在同学聚会上聊太多商务话题，不要在商务场合涉及私人八卦，不要在亲人聚会时总谈国家大事，不要在读书分享会中总聊娱乐综艺。
- 在当时的场合中，跟大部分人是同一类人（或拥有某种共同特质）。

自我独特性主要有如下四种表现。

- 某种特质与众不同。比如气质、气场、品德等。
- 细微之处与众不同。比如神态、肢体语言、说话方式、思考角度等。
- 知识学识与众不同。
- 经历阅历与众不同。

上述可以用一个词来概括：和而不同。将群体一致性及自我独特性进行很好的平衡、协调，不一边倒，这也是社交中的一门艺术。

（2）保持适当的神秘感。

不要在社交中把自己的家世背景、经历、看法、态度、爱好、行踪等都事无巨细地和盘托出。社交中倾听与表达的占比最好能达到6:4，以倾听为主，以表达为辅。特殊场合需要你发言的除外。

想让你的表达令他人难忘，就要做到有新的、独特的切入点，且具有适当的幽默感。一个具有个人魅力的人，大家会对他的看法、态度或阅历产生好奇，好奇才会吸引对方与你继续接触、靠近，否则很难进一步互动、交流。

社交敏感者想做到这一点，最重要的就是"不要有问必答"，面对不想回答（或不必回答）的问题时，学会反问："那你呢？"

（3）跟其他人保持亲切，但不过分亲密，要保持适当的距离，又要行为友善。

（4）让自己的气质、气场更加落落大方、自然亲切。这一点非常重要。

社交敏感者可以多观察成功人士在公开场合（如参加商务会议、做演讲等）都是如何表现的，我们可以将符合自己特质的地方拿来做借鉴，并在实际的社交中多实践、多练习。

小　结

社交敏感者对独处的看法往往分为两个极端：过分依靠独处与过度依赖社交。二者皆是由于对外界的严密监控造成的——它会让敏感者持续产生负面情绪，最终变得大悲大喜、患得患失。

想改变现状，首先要知道平衡独处及社交能为自己带来什么好处。明确好处后，才有动力去做这件事，有驱动力去改变。接下来通过适合自己的方法，循序渐进地达成小目标，避免因初期难度太大而中途放弃。

走出目前的误区之后，还要适度回调，以免过犹不及。不管是独处还是社交，都尽量达成平衡，五五分或四六分是最佳状态。我们既需要一个人独处，也需要积极参加社交。

人与人交往，别强求，别刻意假装，别屈就自己，不要让自己或他人在互动过程中觉得累。大家都不累，才是好的社交。

人际最关键的并不是"天长地久"，而是在一起时彼此感到轻松愉快，大家都能有收获。所以，平衡独处及社交的最重要核心是，一定要让自己自然而然，具体表现为：行为自然，言语自然，神态自然，表达自然。

放松，不要紧绷；适度打开，不要自我封闭。和某方面一致的人去做同一件事情，并在不同处提出自己的想法或要求。和一群人去做同一件事情，随遇而安，不要强求"存在感"或"有的聊"。

大部分人并没有那么关注你，不要给自己的社交增加负担；大部分人都不会因为你的要求而感到麻烦，他们更倾向于为你提供帮助。

一切放轻松，让独处及社交得到完美平衡，从而缓解我们紧张、焦虑、孤独的情绪。

3.2

社交中毫无存在感，无法融入，怎么办？

总觉得活在世界之外，没有任何一个圈子属于自己。别人和自己活在两个不同维度，已经放弃融入了。

在他人面前总觉得很紧张、很拧巴，不敢说话。他们聊的内容，自己插不上话；自己说话时则经常冷场。

3.2.1 社交场合插不上话，张嘴就冷场

社交敏感者最苦恼困惑的一件事就是不知该如何融入他人。

我曾认识一个朋友小柔，她就是典型的对社交融入感到焦虑、迷茫者。每次大家聚会时，她都没什么存在感。哪怕她试图发言、参与聊天，但每次她开口，所说的内容都会立刻被周围人忽略。

甲："附近没有好餐馆，改天来我家吃啊！"

乙："你家什么都没有，就看见一盒午餐肉，还是三年前的。"

丙："那可能是甲压箱底的法宝，留着有用。"

其他人都笑，小柔也接茬："我做红烧肉很拿手，比罐头好吃。"

其他人都不接茬，小柔就很尴尬，不知还能再说什么好。过了一会儿，大家又聊了其他话题。

甲："你们谁单排时帮我弄个装备？"

乙："已经没人玩王者了好吧？"

丙："单排排不过！"

小柔又鼓起勇气接茬："你们给我推荐几款好玩的游戏呗！"

乙："反正王者不好玩。"

大家于是又开始继续聊其他内容，小柔更尴尬了。

这样的案例我见过很多，发言者其实并没有说错，也并没有说令人不开心的话。然而他们就是经常性插不上话，跟不上节奏，被排斥在团体之外。

之后我私下跟小柔聊过，她给我的反馈是：在社交场合中发言会让她感到紧张，担心自己说错会让其他人不开心；每次发言都很容易被无视；觉得其他人都比自己气场强大，会不由自主地感到畏惧、压迫，不敢对视，不敢看对方的眼睛。

这样就会造成恶性循环，越是紧张、担心说错，越容易束手束脚；每一个看似无心的接茬或话题，都已经在心中想了好多遍。好不容易鼓起勇气说出来，加入聊天，结果却毫无存在感，直接被别人无视了。更有甚者，只要一发言，就把场面搞得十分尴尬，一来二去，再也不敢开口说话了。

在一个聚会上，有个新加入的朋友小爱，她全程都没有存在感，别人嘻嘻哈哈聊天的时候，她则只是眼睛向下，神色焦虑，紧紧攥着拳头，一句话都不说。我试图跟她交流，但每次都被她避开。我给她递小点心、饮料，她也是摆手拒绝我。

通过上述我发现，社交敏感者对融入他人的焦虑是由内而外的。一方面，他们有严重的自我怀疑、自我厌恶倾向，不相信自己会被别人喜欢、接纳；另一方面，他们也不相信别人，不相信别人对自己的亲近真的是出于善意、出于欣赏。"他可能说的是违心话。""他是在讽刺我吧？""这种夸赞可能只是说说而已，不是真的。"这些是他们内心经常会冒出的想法，当其他人表示友好时，社交敏感者会双向怀疑，进而怀疑整个世界，导致越是加入人际圈，心理负荷越重，情绪日益走低，最终陷入崩溃。

然而真实的外界其他人，并不是他们心中所认为的那个样子。绝大多数具备正常社交能力的人在社交互动中都不会故意对谁心怀不满或带有明显的讨厌、憎恶倾向。他们甚至不会注意到社交敏感者的内心世界。

他人的绝大多数言谈举止只代表当时的意思，很少会专门针对社交敏感者。

不排除真有这种情况，但至少我所见的案例中，故意对没什么存在感的人施虐、找茬的非常少。社交敏感者之所以在正常人际圈中总是觉得无法融入，来自两个维度的原因。

第一维度：没有充分打开自我，缺乏安全感，将自己完全封闭。

第二维度：由于自我封闭，所以圈子里其他人感觉不到他的存在，或认为他并不想说话，于是就会自然而然地将其忽略。

社交敏感者自我封闭，外界他人全程无视，虽同坐一张桌子，实则无话可说。

社交人脉圈中，其他人对社交敏感者的态度往往有两种。

（1）完全感觉不到社交敏感者的存在，直接无视。

（2）感觉到微弱存在，想表达善意，却被社交敏感者狠狠推开。

大部分普通人做到这一步就会停下，失去与社交敏感者交流的兴趣，因为表示出的友善行为并没有得到回馈，转而去做其他让自己觉得愉悦的事。

3.2.2　因为抗拒，所以才无法融入

通过案例观察及实践，我发现社交敏感者对"无法融入他人"的最大痛点、难点来自存在感过低或用力抵抗外界。

想要改善焦虑症状，很好地融入社交，我们需要从两个维度进行：适度打开自我与提升存在感。

看到这里，社交敏感者可能会说："太难了，我做不到。"别急，本书分享的内容不会让你一下子就成为社交高手——这不现实。上述两个维度设置的难度一定是循序渐进、能让社交敏感者接受且比较容易达成的。

这样才不会造成挫败感，才能切实提升人际交往能力，改善因此而产生的情绪问题。

为何你总是觉得融不进他人呢？因为其他人对你的兴趣度太低。大家要先对你这个人感兴趣，才会对你要说的内容感兴趣，这时才会愿意停下来，听你说话。

想让大家对你感兴趣，必须先提升气场，让自己有存在感。提升气场的必备步骤就是从学会"多接触不同社交，在社交圈中做好捧哏角色"开始，同时它也

顺便让你做到适度打开自我。

这是社交敏感者解决无法融入他人的焦虑问题的基础步骤。初期，当我们进入某社交圈时，如果感到紧张、不适、拧巴、不安，可以按以下方法进行调整。

方法一：多做几组深呼吸。

目的是增强自我意识，恢复正常心率，让身心得到放松。

方法二：倾听，在心里列出他们与你的"共同点"。

倾听是非常重要的一步。很多社交敏感者看上去很善于倾听，然而实际上处于自我封闭状态中。这时，外界的交谈对他们而言都是噪声，既无法理解核心内容、话题重点，也对谈话本身完全不感兴趣（或一无所知）。

想要改善，我们就需要转变心态，把这些噪声变成"有效声音"。方法是假装自己在看电视剧，其他人都是剧中的角色；你是观众，他们是演员，现在你是在现场围观这部剧的直播。

认真听他人的每一句话，不断反问自己："通过这句话，我能列出跟他们的哪些共同点？"

人们更喜欢接近跟自己一样的人，当你与对方的共同点越多，就越容易融入。

方法三：倾听，看看大家都对哪类话题感兴趣。

请记住：不同阶层、教育、职业背景的人，感兴趣的内容不同，但同领域的人，感兴趣的内容却有一致性。这有助于帮我们摸到套路，职业背景都是普通工人的圈子里，大家可能更爱聊美食、游戏、生活；教育背景都是大学以上的圈子里，大家可能更爱聊继续教育、考试、资格证书；家庭背景有孩子的，可能更喜欢聊孩子；家庭背景跟父母同住的，可能更关注健康、医疗……

当然，在很多社交场合中，大家聊天没有主题、没有重点，想起什么说什么。这时就没必要让自己很紧绷，跟着其他人的节奏走，慢慢掌握节奏后，再自然而然地接茬。回家后将记录的内容写下来，下次在类似的社交场合可以派上用场。

上面三种方法不仅仅是为"融入"做准备，它还有另外三个作用。

其一，转移注意力。

当你开始关注别人都说些什么、怎么说的、跟你的共同点是什么、对什么感兴趣时，就没空理会他们对你的反馈、态度了。此时你专注于挖掘一致性，给自己积累社交经验，将对外的监控转移到对内的觉察。通过转移注意力的方法，缓解紧张、不适、不安感。大家会发现，本书分享的很多方法都是通过转移注意力达成的。

其二，循序渐进地适应圈子、场合、不同的人。

心理学中有一个效应：即便初期你再怎么不喜欢一个地方、不喜欢这个地方的人，但只要在这里的时间足够长，就会不自觉地认为自己是喜欢这里的。

适应性是人的本能天性，它会根据环境、背景、社会性，自行改造你的潜意识，让它越来越倾向于接受，而不是排斥。所以，这需要较长周期，坚持三个月以上（每个月参与两三次社交），才能有效果。

不要因为一开始"排斥、不喜欢"就放弃。初期，我们对自己要求低一些，只是在圈子里做个看客、围观群众，不需要做其他动作。较低的要求更容易达成，做到之后再进行下一步。

其三，增加社交经验值。

多听他人说什么、怎么说，寻找一致性，挖掘共同点等主动行为都可以有效地积累社交经验。

一方面它能让你在社交时更加专注，改善"他们说的都是噪声"这一心理；另一方面通过专注度的提升，逐渐掌握从谈话中快速抓住重点、识别真实意图的能力。

方法四：学会提问，通过提问加入聊天。

其一，针对大家正在聊的内容进行提问。

比如大家正在讨论八卦事件，你可以根据事件去提问，或根据事件问其他人的态度是怎样的。

大多数人都喜欢谈论自己，包括但不限于自己的看法、感受、观点、态度。通过提问让对方多谈论自己，能有效提升对方对你的接纳度。比如前面案例中，当别人都谈论游戏时，小柔也发言了，但她的发言却跟"鼓励对方谈论他自己"无关。

我们回顾一下，别人聊"单排、装备"，小柔问有没有好的游戏推荐。人家聊王者聊得正高兴，谁愿意打断自己的话题来给你推荐游戏啊？

较适宜的提问方式是："嗨，你王者几级了？你是怎么虐别人的？"这时对方会倾向于顺着你的提问，继续聊下去。

其二，针对其他人的某些优点、特质进行提问。

比如，"我觉得你在某某方面特别厉害，能请教一下你是怎么做到的吗？"或"我发现你每次都打扮得特别时尚，能分享一下秘诀吗？"

夸赞式提问能有效拉近双方距离，提高你的存在感。

其三，目前遇到了一些小困难，通过此提问。

这有两个好处：第一，大部分人都喜欢通过给他人意见或建议来得到成就感、满足感，侧面验证自我价值；第二，如果真的得到有效的意见或建议，对你自己也是有帮助的。

但请注意以下八点。

（1）不要对随手百度就可以搜到的问题去进行提问。

（2）不要问无意义问题。比如，"我现在有个困惑，如果我中了五百万元，该怎分配这笔资产呢？"此类还没发生、只是假设存在的问题，尽量不要问。如果是闲聊、调侃、搞笑的方式，那么可以多聊"假设性问题"，目的是鼓励其他人参与讨论，避免冷场。

（3）不要问目的不明确的问题。比如，"你们说，我是不是应该继续学外语？"这类问题会让对方莫名其妙，因为对方不知道你问题的"目的性"，如果改善措辞就会好很多："我想以后可以用外语畅通无阻地自助游，所以现在要不要继续学外语呢？你们有没有好的建议？"这类"目的性"非常明确的问题，被大家踊跃回答的可能性会大大提高。

（4）只专注于自身发生的问题，不要替他人提问。比如，不要说"我朋友有个男朋友，他最近如何如何、怎样怎样"，这时对方首先想的不是给你建议，而是腹诽："你就是'我朋友'吧？"另外，八卦他人并代替提问，会让人觉得你这人管得真宽，关你什么事呀？这样的问题可能遭遇冷场，当然，如果你所处圈子里的其他人都热衷于八卦周围人，那么就另当别论了。

（5）提问中不要触犯他人的隐私，可以问看法、态度，但尽量避免问对方的目前情况。

（6）不要在同一次（或相近几次）社交中频繁地问自己感到困惑的问题，否则容易给他人留下"无能为力"的印象，会减分。

（7）不敢正视他人眼睛的人，在提问过程中可以关注对方的下巴、嘴唇、鼻子。这样既不会显得无礼，又能避免自己的尴尬或胆怯。

（8）面对气场强大的人，不敢提问，这时有个很好的打破沉默的话术："你气场好强大啊，是怎么做到的？好羡慕，可以分享一下吗？"

方法五：适当赞美，并表示："我也这样！""我也这么想的！""咱俩看法一样！"

这一步的目的是确认共同点及一致性，以便再一次拉近双方的距离。

注意：不建议社交敏感者在这一步时违背本心，我们要学会的是展示真实的自己，而不是为了融入而盲目迎合。

所以，寻找一致性的过程中，如果有一致性，可以积极地向对方表示："这方面咱俩是一样的！"如果没有，也无须假装自己跟别人一样，这时只需要适当表示"你说得有道理""我理解你的想法"即可。

社交敏感者融入人际关系的第一步是尽可能寻求一致性，第二步则是在建立了自尊自信的基础上展示自我的独特性、闪光点、与众不同。它会成为我们的品牌标签，将"我"与"其他人"做区分。个人品牌的独特性会帮助我们更好地宣传推广，有利于个体的长远发展。

如果社交敏感者想要改善无法融入他人的焦虑感，就尽量设定低一些的目标。每达成一个小目标，都能有效增强自我认同感、情感满足、心理愉悦。在大脑中建立奖励机制，这样才会有足够的内驱力去坚持，日复一日且循序渐进地去完成。见表3-3。

表3-3　自我奖励机制完成清单

第（　）次社交|日期	项　　目	完成	分值
	参加两人以上社交，本人到场（能迈出第一步）		10分
	克服抵触感和不安感，坚持身处其中20分钟以上		10分
	改变思维：从前将他人谈话视为"噪声"，现在能听懂他人交流的内容		20分
	通过他人谈话寻求一致性、共同点，并列出差异性		20分

续表

第（ ）次社交	日期	项　目	完成	分值
	通过他人交谈，大概了解其感兴趣的内容		20 分
	通过他人交谈，大概评估对方的真实需求		30 分
	通过上述，转移注意力，缓解紧张、不安、拧巴情绪		30 分
	能通过夸赞进行提问		30 分
	能就大家正在聊的内容进行提问		30 分
	能简短地表述自己目前的困惑、问题，恰当地提问		40 分
	真诚地夸赞对方，勇敢表达"你跟我一样！"		40 分
	若有不同之处，不违背本心，不盲目附和		50 分
	针对不同之处，勇于表达"虽然有一定的差异，但你说得也有道理"		70 分
	勇敢地跟他人表示："这次玩得很开心，留个联系方式吧，下次再约！" 或："聊得很开心，咱们回头继续！"		90 分
本周 / 月社交分值小计			

　　如果你是第一次尝试这么做，每次社交只要完成一个小任务就可以，千万不要想着在同一次社交中做完所有任务，加大难度，否则会很容易因挫败感而放弃。

　　可以配合以下两种奖励措施。

　　（1）每完成一项内容，在社交平台发分享，鼓励自己：今天的表现棒棒的！

　　社交敏感者如果担心自己的分享会被他人看到，产生压力，那么可以设置为少部分人可见。

　　（2）定期复盘，每周 / 月的分值达到一定程度，就给自己一些实质性奖励。

比如达到 50 分，奖励自己一顿美食；达到 100 分，奖励自己看一场电影；达到 150 分，奖励自己买件衣服。

注意：只要达到分值，一定要尽快、及时地给予自己奖励；奖励越及时，效果越好。

3.2.3   先从"模仿"做起

很多作家从模仿他人的作品开始写作生涯。如果社交敏感者想要改善无法融入的焦虑感，也可以先从"模仿他人"开始做起。我们可以在社交过程中，重点观察以下事情。

- 其他人遇到某类事情是什么态度，怎么处理的？这里的"某类事情"指容易让你感到迷茫、困惑、不知怎么办才好的事件，比如遭遇难堪、尴尬、被批判、被当众质疑，诸如此类。积极学习他人处理这类事情的方法，做好记录，视情况为自己所用。

- 其他人遇到困难、阻碍、挫折时，是如何应对的？

- 其他人遇到不同意见或被违背自己意志的影响操控时，是如何反应，怎么解决的？

- 其他人怎样跟周围人建立沟通并深入发展友谊？

- 他们应对事情时，话术是怎样的？他们是如何通过话术既不得罪别人又达成自己目的的？

- 某个社交场合中，谁是话题的发起者、带动者？哪些是捧哏儿的？

不同的人对同一类事情会有完全不同的处理方式，社交敏感者可以向最接近自己特质的或认为做得很好的人（含话题发起者、带动者）去学习。

每次参加社交、进行学习后，回家都要做复盘记录。若对着镜子模拟练习，效果会更好。

如果你目前圈子很小，值得学习的人比较少，可以通过多看影视作品来达成。比如美剧《破产姐妹》《生活大爆炸》《老友记》，小人物在生活中的社交智慧无处不在，有很多值得学习或借鉴之处。

通过多加观察、学习，引申对自己提问。

- 对方为何要这么处理／应对？他是怎么思考的？

- 他这么做是希望达成什么目的？

- 看上去他吃亏了，出糗了，很尴尬，为何当事人自己不介意？他的心态、价值观，是否值得自己学习？

- 看上去某人被批判、被嘲笑了，但他自己非常淡定，不当回事。这种不受外界干扰的意志是怎么练成的？

- 当时那种情况，某人还能够抵抗住各方压力，成功地反操控。他都做了哪些事情？梳理整个事件的起因、经过、细节、结果，看看当事人是否有值得自己学习之处。

- 面对反对、质疑、批判时，他是如何做到勇敢地表达自己看法的？当时他处于什么状态？我该怎么做才能达到类似的状态，而不是一味容忍、妥协、退让？

- 其他人在社交中经常表现得轻松、随意，敢说敢做。

- 他们的特征是什么？他们是如何建立自信心的？如果我是他们，我认为值得自己骄傲的、底气十足的项有哪些？

列出这些项，问问自己是否也有这些，是否比他们更好，如果没有，怎么达成？

社交敏感者在模仿式学习时，要注意以下三点。

第一，切勿对他人的言语、神态、话术生搬硬套。尽量掌握其中的思维、原理，活学活用，否则很可能适得其反。

第二，切勿将在 A 圈子从某个人身上学到的套路反过来用于 A 圈子。

正确方式是灵活掌握 A 圈子里学到的套路后将其用在 B 圈子（前提是两个圈子要大致同类）。

第三，同样的应对方法，在不同的圈子可能完全不适用。

比如在邻居、亲人的圈子中，遭遇批判或打压时，我们可以选择勇敢地回击。然而如果在商务圈子中，遭遇类似的批评或打压时，则要视对方的身份地位而决定。若对方的身份地位较高，我们可以选择虚心听取或以请教的方式让对方多给自己提建议。若大家身份差不多，也没必要当众撕破脸，大可以一笑置之。

社交敏感者的一大痛点、难点是不知道在某些场合下，遇到问题时到底该怎么应对或怎么表态。因为弄不清楚，所以索性一律都选择"封闭自己或逆来顺受"，久而久之降低了存在感，自我意识也会变得脆弱。越是如此，越会因无法融入他人而产生焦虑感。

想要改善这个问题，就需要积极地参加不同圈子、文化、背景的人际社交，多增加经验值，多听多看，多学习同场合下其他人是怎么做的，把其他人都当作老师，自己是学生。在这样的心态下，就会大大改善不安局促感，将每次社交当作现场模拟的"人际关系实战课"，秉持谦逊的态度认真学习，久而久之一定能得到提升。

当认真完成上述行为后，就会发现自己仍有很多想不明白的甚至更加困惑的地方。这时我们可以向优秀者提问、请教。

配合夸赞式提问，多向他人取经，哪怕你认为某人能力很一般，但说不定在社交方面他的确有出色之处。学会发现他人的优点，积极请教，也是非常好的方法。社交学习复盘记录见表3-4。

表 3-4　社交学习复盘记录（以下项仅供参考）

让自己经常陷入焦虑、困惑的项	其他人怎样应对、解决（圈子类型、当时场合背景）	实践/向他人请教/掌握情况	参考分值
聊些什么？			10 分
怎么接茬？			10 分
冷场时怎么办？			10 分
发言后被无视或被粗暴岔开怎么办？			20 分
面对气场强大者，怎么相处？			20 分
面对非常自我、喜欢批判的人，怎么相处？			20 分

续表

让自己经常陷入焦虑、困惑的项	其他人怎样应对、解决（圈子类型、当时场合背景）	实践/向他人请教/掌握情况	参考分值
面对粗暴无礼的人，怎么相处？			30分
被反对、质疑、批判时怎么应对？			40分
被嘲笑或遭遇尴尬对话时怎么应对？			40分
违背自己真实的意愿，被强制说教、做决定或强迫做自己不想做的事，怎么办？			60分
被灌酒、骚扰时怎么办？			60分
周/月社交学习总分			

主要社交焦虑、困惑项及其参考应对方法如下。

（1）不知聊些什么或不知怎么接茬。

我们可以顺着他人的话题继续聊。

比如前面提及的案例中，大家都在聊张三家有一盒陈年罐头，这时可以通过凸显一致性原则，调侃一句："我家也有，有三罐！加上张三他家那盒，正好凑一桌麻将。"

遇到自己不知道的、没怎么接触的话题或事物，比如游戏，可以采用夸赞式提问："这个游戏这么多人玩，肯定挺有意思，我也下载一个，叫什么名字？怎么快速升级？分享些技巧呗！"

如果大家都聊孩子，但是你没有孩子，也可以采用夸赞式提问接茬儿："你挺厉害的，又照顾孩子又把自己打扮这么漂亮。"

（2）自己说了某段话，忽然冷场了。

参考话术："哎呀冷场了，好尴尬啊！某某，快来救场。""我去一下洗手间/我给某某点首歌/我帮张三再夹一块肉/大家再喝一杯。""好吧，没人感兴趣，来，换话题！"

（3）忽然发现所有人都安静下来听自己说话，自己立刻紧张脸红。

趁机喝几口酒，然后表示："喝了酒就脸红。""有些热，开下窗子吧？"

如果在职场中的会议、培训等场合，则可以表示："不好意思，我不小心咬到舌头了，我暂停两分钟，先让别人发言，好吗？"

（4）说着说着忽然开始结巴，越结巴越紧张。

立刻停下，深呼吸："请等一下，我舌头打结了，先让我喝口水或吃点东西。"

改善方法：放慢说话的语速，不要说太快。

（5）紧张导致语无伦次，不知道在说什么。

"刚才都是一般正经的胡说八道，逗你们玩的。接下来认真说……"（假装开玩笑）

如果是在职场，则可改变表达方式："这个事情表述起来有些复杂，这样吧，我用纸画出关系图／流程图，列出关键项，这样会更直观。"

（6）在场所有人都看着自己，忽然就紧张了。

拿出手机，放一段轻音乐："太安静了，说之前先加点背景音乐，请大家愉快聆听。"

（7）对方气场太强，有畏惧感。

"首先，你的气场太强大了，深深震撼了我，所以接下来我很可能不知道自己在说什么，但我还是要说……"（以开玩笑口吻）

如果是在职场，则可以说："第一次跟您这样气场强大的人交流，有些紧张，但也很荣幸。我想表达的是……"

（8）忽然被他人粗暴打断或岔开话题。

"停！先让我说，等我说完你再说。""先让我说完，你别总打岔。"

（9）被他人批评、贬低、嘲讽、开令你不舒服的玩笑。

在非职场中，可以说："你的观点挺独特，不过我认为自己的观点也有可取之处。我觉得自己特别优秀，谢谢你的意见。"

在职场中如果同事这样做时，可以说："你为何会这么评价我呢？你是怎么考虑的？分享一下你做得比我优秀的地方，也让我学习学习呗。"

在职场中如果上级批评你时，可以说："领导，您说得都有道理，现在我真的需要您的帮助。您觉得接下来我该怎么做会更好？"

　　被开恶意的或令自己不舒服的玩笑时，可以说："这个玩笑不好笑，而且令我感觉很不舒服。换个话题吧。"

　　（10）被他人强行说教或指手画脚。

　　"嗯嗯，你说得都对，可我就是不想那么做。"接下来无论对方再说什么，始终重复这句话，直到他放弃说教。

　　（11）被人强行劝酒怎么办？

　　在非职场中，直接陈述："我不喝酒。"（无论对方怎么劝，始终重复同一句话，直到对方放弃。）

　　在职场中，可以象征性喝一点，然后立刻卧倒装醉。

　　注意：以上应对措施仅供参考，需根据不同的圈子、场合、目标对象具体决定，请勿生搬硬套！

　　实在不知道该怎么办时，可以向身边你认为社交很优秀的人积极请教："我觉得你在社交方面特别厉害，很聪明，所以想跟你请教一下，如果是你遇到这类事情，会怎么办呢？"

　　多学习他人对事情、问题的应对思路及策略，多学习他人的话术及幽默感。适当的幽默感能有效地提升个人魅力。

　　坚持填写表格，定期复盘，坚持三个月，直到开口说话时不那么紧张不安再往下进行。

3.2.4　不表达，就不可能有存在感

　　社交敏感者的痛点之一就是担心社交场合说错话，被别人讨厌、嘲笑。

　　我们需要先从心态上开始转变。当觉得紧张时，将参与社交看作去学校上课，将社交场合当作演练、演习、实践的模拟课堂。如果真的发生"说了某句话而被嘲笑"或"做了某件事而让对方不开心"，可以用"学生向老师请教"的方式，私下里真诚地向对方表达："上次社交时我说了一句话，当时你的反应似乎不太开心。我很希望能提高这方面的能力。能否请你指出，我哪方面让你感到不舒服？换作是你，你会怎么说呢？"

　　这不需要面对面，微信发文字可能会让你觉得更加"安全"。如果对方愿意给

你回馈，则需要及时向对方表示感谢，并侧面多问问其他人的看法（毕竟单一某个人的为人处世未必是最好的或绝对妥当的），征集他人的意见或建议后，再酌情进行改善。

此外，努力在社交中发言是改善不敢说话的必经步骤。当准备充足，熟悉并适应周围的人脉、圈子后，接下来要尝试在这类场合多发言——不是附和或提问，而是发表自己的看法、态度、感受。

问题来了：怎么克服畏惧、不安心理？

（1）将注意力从外界收回来，集中在自己的心口、喉咙处。

（2）发言时，重点关注自己的语速、语调、声音、表情、肢体语言。

语速尽量稍慢，语调尽量平缓，声音适度（不要太小），表情及肢体语言不要太夸张，发言过程中尽量保持唇角微微上翘且与其他人平视，尽量避免目光向下、声音很低、弯腰驼背。

（3）先从短句开始说起，每次发言争取能说出三五个短句，然后循序渐进。

注意：如果不经常在社交场合使用语言，语言表达能力一定会退化；如果想让其恢复，就需要从短句练起。为何社交达人可以出口成章、不打磕巴、滔滔不绝且逻辑清晰？没有捷径，都是通过多说、敢说、不停重复锻炼出来的。

（4）关注自身的亲和度。

（5）关注语句的逻辑性，重点突出。

（6）如果感到紧张，就请停下来，尝试冲他人微笑，然后再继续。

（7）尽可能找能聊的人去沟通、互动，这类人往往开朗、外向，很容易带动你。他能用轻松自然的语气、神态消除你的紧张不安。最重要的是，当你跟这类人交流后，他不会让你觉得聊天尴尬。哪怕你说得不好，他也有办法把你的话题接过来，给你圆场。

社交敏感者在这一步时，千万不要找捧哏儿的人去发言，否则你说完之后对方不知道怎么接，不会表态，双方就会一起陷入"相望两无言"的尴尬状态。

当我们在圈子里有熟悉度，能适应当前的思维、话题、节奏、频率，紧张度及不适感会有所下降，绝大多数社交敏感者到这一步会自然而然地知道该聊什么。所以我们新到任何场合，都不用着急发言，而应该让自己先熟悉场合，熟悉之后逐渐融入。见图3-1。

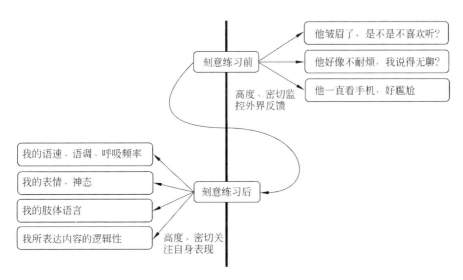

图 3-1　刻意练习社交语言表达的前后对比示意

发表自己看法、态度时，尽量贴合八卦、娱乐、电影、小说等与吃喝玩乐、休闲娱乐、家庭生活、健康养生等有关的内容。

若谈论到工作、学习，在对方有需要的前提下，多分享方法、技巧、心得。（注意是分享，而不是说教。）对方无需要时，没必要主动提及，否则对方会认为你是在显摆。

可以分享日常美食、出行、家庭、邻里、萌宠等趣事。但如果对方没出过国，你就不要聊"上次我们去美国，发生了件有意思的事情"，否则很容易"把天聊死"；同理，如果对方一直都是在高大上的场合吃喝玩乐，这时你就不要说"昨天我们带孩子去某个免门票的游乐场玩耍"，否则也容易"把天聊死"。正确的做法是针对双方的"一致性"去聊天，而对于不一致的、有差异的，尽量少提。

不要聊别人认知中难以理解或难以接触的内容。比如在某个收入中等的圈子中，大家都有比较重的家庭负担。这时你一味聊出国自驾游，就不太合适。在某个都是学技术的圈子中，你总是聊艺术、音乐、抽象派、形而上，也不太合适。在某个几乎都是已婚已育的圈子中，你经常聊不婚主义、丁克、开放式伴侣关系，仍然不太合适。

上述都会让其他人感到话不投机，一方面难以理解你说的内容，另一方面超越认知容易引发对方的仇恨，这时不但影响融入，还会使双方加深隔阂。

不要就某件事/某个人发表太过尖锐的看法、态度。

不要用批判、抱怨的语气聊天。

此外，要注意以下四点。

① 语言功能不常用就会退化，口头表达能力也如此。

必须常年坚持发言，才可能提升；越不发言，功能越退化，就越难以在社交中开口说话。

② 无法融入他人往往是因为存在感过低。

存在感低是因为气场太弱，敢于发言能有效提升存在感，随着日积月累的练习，人的气场才能逐渐强大，这样才能提升存在感。气场不是一两天就能练成的，切勿急功近利、总想速成。

③ 将原本的"对外界反馈严密监控"转换为"对自身提高专注度"。

注意力由外界转为内部，能有效地缓解紧张、焦虑、不安的情绪，并通过"时刻对内察觉"来及时对语气、语调、语速等进行调整、纠偏。

④ "融入他人"的最重要一步就是经常踊跃发言。

主动接纳他人之后就要通过有技巧的、妥当的发言，让他人接纳自己。

彼此接纳，才能有效地互动，如此才能促进双边关系，让你真正融入这个圈子。圈子的融入感可以有效地缓解负面情绪，让社交敏感者感到情感满足及心理愉悦，有效地对自己的情绪进行管理。

小　结

改变心态，每一个社交圈及"其他人"都有其优点、闪光处。社交敏感者可以尝试将"过分监控他人对自己的态度反馈"转换为"仔细发掘对方的优点、闪光点"，逐一列出，通过社交向对方学习。

这时我们就有了积极参加各类社交的最大驱动力：为了成就更好的自己，向他人学习。

不要因为不喜欢某个人，就不去接触。很多时候，之所以不喜欢某个人，只是因为你不愿承认，他在某方面比我们优秀太多。将"不喜欢"转换为"他是怎么做到的？能否学习套路、为己所用？"，抱着学习的心态去接触，效果会完全不同。

不要因为觉得某个人或某个圈子无聊，就不去接触。将"过分监控他人对自己的态度反馈"转换为"抱着好奇心，看看这人到底能有多无聊"，说不定在接触过程中你会逐渐发现他在某方面很厉害，很优秀，值得自己学习。甚至接触期间你可能发现，其实这个人不无聊，其实他很聪明。很多看上去很无聊的人，实际上"双商"都很高，他们的"无聊"往往都是伪装出来的。

有了上述驱动力及目的（希望通过接触从对方身上学到什么）之后，"因无法融入他人而经常焦虑"这个问题就会变成"该怎样接近比我优秀的人，更多地学习他们的为人处世方法"。

通过前文提及的四大阶段，可以有效达成此目标。

倾听——建立融入感的第一步。

提问（含求助）——适当打开自我的第一步。

学习——适度打开自我的第二步。

发言（含向他人提供帮助）——适度打开自我的第三步，同时提升了存在感。

通过循序渐进地打开自我来刷高存在感，有效提升个人魅力。这还能提高安全感，通过熟悉各类不同圈子、环境来增强自信，从而提高自我价值认同度。这样当你未来到任何类型的圈子中，都不会发怵，不会感到无所适从，也不会紧张焦虑。

那些看上去"见过大风大浪"的人之所以在任何社交场合都能收放自如，无非就是因为他们比你接触了更多不同类型的圈子且常年累月坚持去做，如此而已。

想要有效地提升个人魅力，吸引其他人，我们还需要在此基础上深入。

既要与圈子及其他人有较多一致性，又要让自己有独特的标签。

可以凸显独特性的地方包括但不限于：说话风格独特，口味偏好独特，有很感兴趣的爱好或收藏，职业独特，品德独特（比如非常真诚、务实、单纯、乐于助人），气质气场独特（比如非常爱笑，通过风格特别的小饰品烘托自己）。

将上述作为自己的标签，要在人脉交往中经常予以强调。这一步很重要，它能提升你的存在感。比如你很喜欢收藏邮票，那么每次聚会时都可以简单提两句："大家看到好的邮票，要分享给我哈！"通过重复强调，加深他人对你"独特标签"的印象值，久而久之，只要看到特定的内容，就会第一时间想到你这个人。如果做到这一步，你的个人品牌及独特魅力就已经具备了雏形。

注意：不要在涉及三观、政见、民族立场、职业态度等方面彰显太大的不同，否则不但对融入他人无益，反而还会增加阻挠，甚至造成双方矛盾。

当上述都进行了尝试，半年后你发现某个圈子仍然不适合自己，且的确没有任何可供学习之处了，这时可以考虑更换圈子，以免让自己饱受困扰。

总之，因为社交而产生的情绪问题，最终一定是要回归到社交中去予以解决。社交敏感者不需要逃避，只要转换思维模式及看待问题的角度，一切自然迎刃而解。融入他人，克服恐惧，这么做不仅可以改善情绪问题，还能学到更多的为人处世技能，一举两可，何乐而不为？

3.3

操控者的套路

无论生活、职场还是其他场合，"操控"时常存在。社交敏感者最容易成为其受害者。

他们经常会在事后才感到疑惑："当时稀里糊涂顺从，过后发现并不想这样，可为什么当时就没反抗呢？""总是容易接受别人的诱导、暗示，最后才发现自己被影响、操控了。"

3.3.1 一切都是你的错？

在对社交敏感者进行案例征集时，部分参与者给予了以下反馈。

（1）某个人对别人很热情，但对我冷漠；或者前天对我还挺热情，今天对我爱搭不理。这时我就会感到很难过，不知道自己做错了什么。

（2）沟通过程中，如果发现对方表情不对，就会立马闭嘴，而且深感自责。

（3）不知道该怎么拒绝别人，明明这件事不想做，但如果对方多说两句好话，或稍微施加一些压力，立刻就妥协了。

（4）有一次参加公司的商务聚餐，同事和领导都让我喝酒。我并不想喝，结果领导脸色就不太好。最后我还是喝了，但回到家后感觉很不好，哭了一晚上。

有个粉丝发私信跟我哭诉："姐姐，我是不是真的一无是处？现在心态崩了，想自杀又没有勇气，该怎么办呀？"

这个粉丝小曼是一名职场新人，因为原生家庭有各种问题，所以早早离家，在外地上学，一直都是在校住宿。住校期间，她被同学和室友排挤、攻击，遭遇冷暴力，还差点被同校男生侵犯。

这些给她留下严重的心理阴影，大学没毕业就参加了工作。然而，上学时没能解决的问题，在职场上再次困扰了她。她遭遇了来自同事的排挤，且被上级进行某种暗示。

小曼几度重度抑郁，万般无奈就去求助了心理医生，然而张医生给小曼的第一印象就不太好。

"他看上去有些阴沉，好像很严厉的样子。那时我几乎想走了，但都已经交了钱，只好硬着头皮跟他咨询。"

果然，咨询从一开始就不顺利，张医生不等小曼陈述完问题，就开始对她指责："为什么不同的环境，你却遭遇同样问题？大家都攻击你，有没有自己反省过？真的是所有人都针对你吗？你是不是有被迫害妄想症？……"

小曼几次想辩解，却都插不上话。眼看着张医生从她的人格、品德、言行举止到价值观、能力，甚至外貌，都逐一批判了个遍。小曼终于忍无可忍，说："我不想继续咨询了，能不能把费用退给我？"

张医生听后勃然大怒，把她轰了出去。

小曼回家后哭了好久，几乎夜夜失眠；冥思苦想了好几天，最终还是决定去心理咨询室给张医生道了歉。

通过上述案例可以看出，社交敏感者是非常脆弱的一个群体。他们的"脆弱"主要体现在四个方面：情绪脆弱、意识脆弱、意志脆弱、信息接收脆弱。

在案例中，很多社交敏感者会因为别人一个微小的反馈而情绪失控；他们难以承受其他人的施压，遭遇一点点压力就立刻意志溃散，快速退让、妥协。他们对"自我"的认知十分模糊，对他人的态度过于关注，几乎没有自己的容身之地。改善方式如下。

情感脆弱：用深呼吸来缓解紧张、恐惧、害怕等负面情绪。

意识脆弱：在内心深处梳理自己真实的需求、感受，重塑自我意识，增强"我"的存在感。

意志脆弱：当已经知道对方是在与我们博弈并清楚了解了对方的常见套路后，

就不会再惧怕、困惑，能进一步增强意志力，避免因"没弄清楚发生了什么"而轻易妥协。

上述三方面的改善方式是为了给自己争取更多时间，以便在情绪平抚后进行理智的思考。

接下来解决最后一个问题：信息获取脆弱。

社交敏感者由于自我意识薄弱，往往表现得缺乏主见，难以独立分析思考判断。他们更容易依赖他人的判断去做决策，而这类决策往往都是违背本心、损害自己利益的。因此要多方获取信息，不盲目屈服权威，不偏听偏信。

在《洗脑术》这本书中，作者讲述了"洗脑"及"控制"的历史事件、发展过程及套路。当某个个体或组织希望对目标对象进行洗脑、控制时，他们会从四方面下手：让对方始终处于高度紧张状态中；击溃对方的意志；泯灭对方的自我意识；切断信息源，使对方只能接收到单一的、特定的信息。

社交敏感者极容易成为他人的"控制目标"，因为这简直是为实施操控者打开了方便之门，搭乘了便捷快车。后者只需稍微动手，前者就会精神崩溃。同时由于他们惧怕社交，圈子十分有限，导致对信息的接收也很单一；信息的单一更容易让他们偏听偏信，盲目屈服于权威或权威型人格，进而被左右想法、控制思维。

综上所述，社交敏感者就会成为被控制的绝佳人选。

很多校园凌霸案中，被欺凌的都是社交敏感者。施害者之所以对其展开攻击、凌虐、伤害，最终皆是为了控制对方的情绪、喜怒、言行举止，任意摆布对方，以此达成自己的心理满足（成就感、权力感、地位感等）。实际上这类事件不仅仅发生在校园，即使在社会中，也屡见不鲜。

3.3.2　是你自己选择还是被带节奏了？

无论是情感两性还是职场人际，社交敏感者都很容易被他人影响、控制。他们具有极高的责任感，会在潜意识里认为，一切负面结果都与自己有关，是自己做得不够好才造成的。

此外，较高的道德感也会让社交敏感者经常被道德绑架，引发不确定感，或遭受强烈的内心谴责。

小平已婚生子，全职主妇，日常过着三点一线的生活。她有一个固定的小圈子，由附近邻居的孩儿妈们组成。圈子不大，只有十来个人，其中以小孙和小杜最为活跃，经常组织大家聚会，带着孩子购物，郊区出游等。

小平进入这个小圈子一年多，直到认识小周之前，大家还都彼此相安无事。然而小周的出现，打破了原有的宁静。

小周是新搬来的邻居，30多岁，未婚，跟男友一起合住。自从小孙和小杜知道小周的背景后，就经常在背后议论："这么大年龄还不结婚，不正常！"

有一次大家在群里聊孩子，小周说："你们聊的内容，我都插不上嘴，呵呵。"

这句话立刻被小孙大肆批判了一通，说："女人不生孩子不完整！你这么大了还不要孩子，就是自私，是逃避责任！"

小周没说什么，直接退群了。

但小平还有她的微信，经常看她在朋友圈晒各种照片。虽然两人年龄相仿，但小周看上去比自己年轻好多。她经常参加一些活动、比赛，跟朋友或男友满世界旅游，还结交了世界各地的朋友。

这种生活方式是小平之前做梦都没有接触过的，她很好奇，想要进一步了解，于是就经常给小周点赞。小周见她感兴趣，就对她说："下次再有活动，你也来参加吧！"小平很开心，立刻就同意了。

这次活动与音乐节有关，她们玩得很开心，回家后，小平将两个人的合影发到了朋友圈，并表示："新认识的朋友，活得很精彩！她还说要给我介绍一份工作。"

本来只是一条普通的动态，结果当晚11点多，群里炸锅了。

小孙先上线的，开始时不指名不道姓地进行挖苦，说："有的人两面三刀，当面一套背后一套。"

其他人有的知道原因，有的满脸莫名，纷纷问："怎么了？"

小孙先是将小周批判了一通，然后引申到她怀疑小周现在同时交往两个男朋友。说着说着，话锋一转，忽然就开始攻击小平。之后小马上线，也跟着一起指责。

小平看到群里的聊天内容后，情绪崩溃，反思自己是不是真的做错了，她不知道该怎么办，只好一个劲地道歉："对不起，我不知道小周是这样的人。以后我要跟她保持距离。"

她说了好多遍，对方才消停，但却逼着她删除朋友圈刚发的动态。小平扛不住压力，只好照做。之后小周又找过她两次，一次是邀请她去另一个城市参加展览；另一次是说帮她找的工作有了回音，要不要去面试看看。

然而小平的回应都很冷淡，渐渐地，小周也就不再跟她联系了。

事后，小平跑来跟我说："其实我不想跟小周绝交，她是个挺好的朋友，尤其还说帮我找份工作。看孩子这么多年，我一直很想重新上班，还挺期待的，没想到……"

我问她："你既然不想绝交，为什么后来又这么做了呢？"

小平回："小孙她们说得也有道理，要是跟一个不检点的女人在一起，我不也成那样的人了？但心里还是很纠结，隐约觉得小周也没做错什么……反正现在已经不联系了，说这些也没有意义了。"

小　结

社交敏感者的"四大脆弱"会让他们很容易遭受来自方方面面的控制企图，经常陷入情绪崩溃状态，无法承受社交人际的压力，稍有"风波"立刻会"本能性"地妥协、退让，以求获得对方的"宽恕"和"好感"。这些会导致他们做出违背自己真实意志的、不利于自己的甚至有害的决策。

案例中，小平原本的圈子比较小，接收信息非常单一、闭塞。她并没有看到外面世界的样子，不知道人的生活方式还可以多种多样、多姿多彩，更不知道女人可以有"不结婚"的选项。直到小周出现，通过参与她的社交，打开了自己新世界的大门。原本她有机会继续接收新世界的信息，甚至有机会重回职场，参加工作；然而由于担心被小孙等人排挤、攻击，又因"道德感"而质疑小周，进而质疑自己，产生强烈的自责，最终只好做出不情不愿的选择，彻底与小周划清界限。

这类操控者无处不在。想要改善，建议从以下六个方面入手。

1. 通过"呼吸法"进行辅助调节，控制住情绪，让它逐渐恢复平稳

（1）深吸气，感受空气从鼻腔进入身体，充满胸腔。

（2）停顿1~2秒。

（3）深呼气，同时收腹，想象体内的负能量、坏情绪都通过这个动作释放出去了。

（4）将注意力从外界拉回来，专注于观察眉心、胸口的位置。

（5）反复做5~8组，然后进行下一步。

2. 将对外的关注转移到对内的察觉

遭遇社交压力时，先不要退让，而应该自问。

（1）现在我的感受是什么？

□很好　□尚可　□一般　□不太好　□很糟糕

（2）是什么让我有这个感受？

□对方的言语　□对方的神态　□对方的逻辑或态度　□其他

（3）我的需求是什么？我不想做什么？

真实需求：_____

真实态度或看法：_____

不想做：_____

用心感受自己情绪的变化、需求、感受、真实态度或看法、不想做的项。

3. 感受到外界社交压力时，采用拖延战术

当明确自己的真实需求、感受、不想做的项之后，接下来不要立刻妥协，而应让大脑有意识地去与潜意识对抗，更多地参与决策，阻止潜意识诱导你"再退让一次吧"。

当下我们不要给自己提出太高的、难以做到的要求，而应采取折中方式——拖延。

社交敏感者常常伴随拖延症，只不过看到本段内容之前，他们可能会把拖延症用在"阻止做对自己有利的事情"上，而一旦遭遇外界压力，哪怕对自己不利，反而不会拖延，而是立刻服从、立刻照做。

现在我要说的是请把它用在正确的地方。把拖延症用在违背你真实意愿、需求的、对你有害的事情或决策上去，将原本的性格"缺点"转化为"反抗武器"。见图3-2。

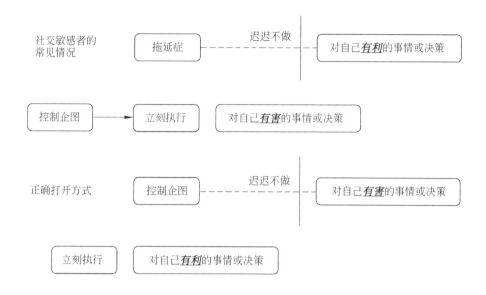

图 3-2　社交敏感者的拖延症

核心诀窍：社交压力很大的情况下，先随口应承，但可以无限期拖延执行。

参考话术："道理我都懂，你说得都对，可我就是懒得做。"

当社交敏感者"无限期拖延"，违背自己的真实意愿、需求或做对自己有害的事情或决策时，企图进行控制的人会不断予以施压，采取各种方法胁迫他们屈服、退让。

常见的施压方式有以下五种。

（1）威逼。如果对方不同意，就会对付或惩罚或警告对方将得到多么严重的负面结果。有些企图进行操控的人还会兼之对社交敏感者实施言语侮辱甚至肢体暴力。小平的案例中，小孙等人对她实施的就是言语侮辱。

（2）利诱。给予许诺，如果对方照做，就会得到什么，但这些承诺往往都不可能兑现。

（3）故意制造紧张氛围。装作事情非常紧急或所有人都在等你回复的样子，故意制造紧张、着急、必须立刻做决定的氛围，目的是以此麻痹对方，不给对方过多思考的时间。

（4）情感绑架。例如，"如果你不答应我，我就死给你看！""我为你付出这么多，你凭什么抛弃我？"

（5）利用"道德感、意识形态、宗教教义"实施控制。这类操控方法非常常见！有些人会利用"道德感强"的特质对社交敏感者进行绑架。有些组织也会利用"看上去对个体非常有利的意识形态"对对方进行洗脑，实施控制。

无论生活、职场还是其他场合，该套路都屡见不鲜，所以"某人说什么"不重要，看他"做了什么，达成了怎样目的，这个结果到底对谁有利"才最重要。

这时可以采取以下方式应对。

（1）告诉对方："着急也没用，越是着急，我越觉得头疼。现在没办法集中精力好好思考，需要过段时间才能给你答复。"

（2）直接装病："我忽然觉得很晕，很难受。你别说话了，让我一个人待一会儿。"

注意：上述方法适合初学者，如果你目前是资深的社交敏感者，使用直截了当的方式能够有效避免被操控。

（3）拿不定主意时，等等再说。

企图对你进行操控的人，会不断死磕，不达目的誓不罢休。在不断利用各种手段对你施压的过程中，他实际上是在与你进行"心理博弈"。常见的心理博弈之一就是不断增强紧张的气氛，利用紧急的事态、不及时处理的严重性、群体压力、团队利益等对社交敏感者进行逼迫。社交敏感者必须及时意识到事实上并非真的如此，对方只是以此为借口，他是在跟你博弈。博弈就是抗衡，就是肯定有一个人先退后，但那个人绝不能是你。所以，博弈过程中，真正的对手并不是外界其他人，而是你自己内心深处的脆弱。弄明白这件事，能有效帮助我们从博弈中胜出，坚持按自己真实的需求去做。

4. 多渠道获取信息，掌握反阻隔技巧

（1）掌握搜索技巧。遇到不确定、犹豫、困惑的问题，善用互联网搜索关键字词。互联网是个非常好的平台，能帮助我们找到更多答案，如百度、搜狗、必应、知乎。

（2）尝试多参加不同的社交圈，获取更多人脉。初期不需要强迫自己必须在圈子中发言，只要学会倾听，通过倾听获取信息即可。

（3）养成阅读的好习惯。从书中找寻答案是释惑解疑的方法之一。

（4）警惕不同名目的"隔离"。比如性别隔离、种族隔离、宗教隔离、地域隔离、意识形态隔离、价值观隔离等。不要彻底隔离某个个体或群体，否则容易造

成信息闭塞，不利于个体做决策，应保持开放、多元化心态，和而不同、求同存异。

实施控制的人会对社交敏感者进行信息阻隔，想避免落入陷阱，我们要学会反阻隔，要通过多种渠道让自己获取更多信息，结交更多人脉。

5. 多走多看，多感受多经历

社交敏感者的圈子往往都比较小，这会造成他们在现有狭窄圈子中不断重复被控制、被施压的悲剧。想打破恶性循环，非常必要的一件事就是多走出去，走到外面的世界，接触其他人、其他思想、其他价值观。

（1）多出去旅行（以自助游为最佳），多感受当地的风土民情、历史人文特色。

（2）通过学习、工作，让自己有更多机会去异地。去过的地方越多，居住时间越长，越容易接触来自四面八方的人。它有助于我们接收多元化的文化、信息、思维模式。

（3）积极参加各种社会活动，接触不同阶层的人。多聆听他人的故事、经历，通过他人的历程总结自己的经验。这些经验的积累能有效提高自我意识，敏锐地察觉控制企图。

（4）丰富自己的经历，有助于开拓见识视野。见得越多，抗打击能力越强，越不容易被他人控制。

6. 敏锐识别"伪爱"

绝大多数社交敏感者由于原生家庭、成长环境等原因，很难感受到真正的爱。他们对爱的认知、理解存在较大偏差，导致成年后也不能正确识别，会将其他企图当作"爱"的表现。正常的爱是陪伴、宽容、支持、尊重、包容。常见的以爱之名实施绑架的包括但不限于占有、控制、为你好、贬损打压、强行说教、强制付出、冷暴力、情感绑架、故意弱势等。

社交敏感者很容易被伪爱所控制，陷入深深的自责、愧疚、负罪感之中。这时我们需要学会正确归因：不要看对方打着什么名义，而是看他的言行举止带给你怎样的感受，让你得到了什么结果。

如果你的感受很糟糕，得到的结果（或预估结果）是损害自己利益，那么毫无疑问，对方并不是真的爱你，而只是想要控制你，利用你来达成对方的情感需求或利益满足。真正的爱一定是让你感到愉悦、放松、惬意、幸福的，是能让你得到好的结果，有利于长远发展的。

天敌：极度自恋型人格特质者

社交敏感者有天敌，这类人只要出现，立刻会带给他们致命打击。

"我说什么他都要反驳我、否定我，哪怕是说'今天天气不错'，都要跟我杠'也不一定，说不定下午就下雨了呢'，真的是太苦恼了！"

"我们同事两天不打压我就浑身难受。我参加公司培训，同事嘲笑我'全公司就看你嘚瑟了'，我觉得同事很讨厌，但又不知该怎么反驳。"

"宿舍里有个人带头排挤我，而我自认为并没有做错任何事。我也不知道怎么得罪她们了，现在关于我的谣言传遍学校，实在待不下去了！"

"虽然她表面上不跟我说什么，但我就是觉得我俩共同的朋友都不喜欢我。后来我发现，她跟朋友们说我的坏话，表面上却又跟我特别好。"

3.4.1 他人是如何对你实施"隔离"控制的？

我遇见过这样一个案例：公司里某部门有两个员工，小余是小组主管，在公司任职一年多；小禾是另一个小组的组员，入职不到半年，由于工作能力强，非常受上级赏识，上级领导几次都说有意向将小禾提拔为主管。

小余从那时候开始，就与小禾示好，一来二去两个人关系走得很近。然而上级领导想提拔小禾升职的这个事情，提了两三次后就没有下文了。不仅如此，领导最近还分外冷落她，核心的工作不再交给她，也很少让她外出跑客户了。

原因很简单，领导认为她不够专业，能力有待商榷。

公司里关于小禾的负面声音越来越多，很多人提起她都直摇头：

"谈客户穿低胸装，还化浓妆！什么都不懂还瞎说，弄得同行特别尴尬！"

"商务应酬中，刷各种存在感，显得她多能耐似的！"

"你说说，咱们好歹也是白领，公关饭局上她怎么一言一行都像陪酒的？"

我听到后很好奇，对小禾做出负面评价的这些同事，并没有在商务现场目睹她真实的表现到底是什么样的，那么他们都是怎么知道的呢？

细问之下才知道，原来是小余跟同事们说的。她并没有直接说小禾不好，而是采用"暗示法"来达成目的。

小余："老王，你们技术部某某的说明是什么样什么样的吗？"

老王很不高兴："不是呀！说明手册写得很清楚，你没看啊？"

小余："哦，不是我，是小禾给客户宣讲的时候这么说的，我当时觉得不太对，所以来问问你。"

老王："什么呀？她怎么不懂瞎说？！"

再比如，小余跟同事说："昨天可有意思了，送其中一个客户回家的路上，这个客户问我，'那个小禾做过丰胸吧？吃饭时光看她的胸了。'"

同事："怎么盯着小禾的胸啊？"

小余边用手比画边说："哦，因为小禾当天穿的是低胸的裙子，就会很显有轮廓。"

同事："呦——啧啧，你也不说说她？"

小余："她又不是我们项目组的人，我能说什么？我只是陪同协助啊！"

久而久之，公司几乎所有人都知道了：小禾胸挺大，胸大无脑；小禾在商务场合的表现跟个不正经的人员一样；小禾专业技能特别差，还总不懂瞎说。

于是很多人不自觉地开始看不起小禾，跟她疏远。前几天一个同事还拿话讽刺小禾，弄得她很尴尬。

然而对其他人态度的变化，小禾本人并不知道所以然。这期间她跟小余的关系仍然非常亲密，经常结伴谈客户、吃午餐，参加公司举办的各种培训及活动。而小余也在各种公开场合特别照顾她，经常帮她挡酒、点餐、买饮料等。

其他人大多觉得小余傻，人太好、太厚道了，而小禾既不专业，又很娇气，小余干吗这么迁就她、照顾她？不仅如此，凡小禾跑客户，小余还要从旁协助，出了问题总给小禾收拾烂摊子，也太好说话了！

于是大家更加喜欢小余，更讨厌小禾了。

从始至终，从客观角度来看，小禾并没有做任何越矩的事情，也并没有别人眼中那么忸怩作态。之所以其他人对她产生负面印象，是因为小余的言行举止、细微之处无时无刻不在给其他人此类暗示。

比如小禾吃饭时喝饮料，想拧瓶盖，第一次没拧开，小余立刻帮她拧开，放到她面前。实际上，小禾并没有求助，小余主动照顾，然而"照顾"久了就会让周围人认为，小禾娇气。这么娇气的人，在职场上能做什么啊？

原本入职后被领导赏识、被同事看好的小禾，就这么莫名其妙地被小余打压了，而且除非她自己有意识改变，否则只会陷在恶性循环中再也翻不过身来。此外，她还可能出现以下情况。

其一，被小余照顾久了以后，小禾会从身体及心理两方面同时对她产生依赖。等小禾再次独立参与商务场合时，会觉得底气不足、自信不够，总希望能有小余陪着。

如此一来，小余不费吹灰之力就可以得到小禾的所有客户资源，且得到后通过"背后口舌"，将她快速从客户身旁踢开。

其二，任何场合中，"被他人照顾"都不见得是件好事，反而很可能是对你最大的"捧杀"，尤其职场，更是如此。

其他人看在眼里，寻思在心里，自然而然地倾向于照顾你的那一方，认为你娇气，事儿多，不能自理，什么都要麻烦别人。

社交敏感者并没有主动让对方照顾，但被照顾了也不会拒绝。一方面认为，好不容易有个人对自己示好，一定要好好珍惜；另一方面不想因为拒绝而"驳了他人的好意，惹他人不开心"。久而久之就会形成"闭塞交友"。

周围人只有某个人照顾你，他越是这样，你越对他依赖，同时会对圈子里其他人疏远；其他人并不了解真实的你，只是通过看和听获悉对你的片面印象，看到的是某个人在照顾你，听到的是关于你的负面内容，时间久了就会替那个人叫屈，对你态度变差、冷漠嘲讽。

这时无论你的真实价值到底如何，都不会被他人看到，更别说认可了。

因为被他人排斥了，所以你会进一步疏远其他人，靠近某个人、依赖某个人。这个人毫不费力，就会对社交敏感者实施控制，并让其自觉自愿地跟其他人"隔离"。

其三，明明已经被他人排挤孤立，然而并不知道真实原因，仍然"与狼共舞"。这时除非有人提醒，否则小禾会一直这么下去，直到彻底失去利用价值及威胁感，被所有人（包括小余）抛弃。

3.4.2　"公道自在人心"？那可能只是幻觉

小凡最近郁郁寡欢，几度陷入情绪崩溃中，原因很简单，有个舍友非常强悍，经常对她进行贬损打压、挖苦嘲笑。

有一次小凡买了零食，分给宿舍其他人，对面舍友小丹嘲笑道："你把垃圾食品都给大家，自己偷着减肥，你怎么这么坏呀！"其他人原本还很开心地接过零食，听到这话立刻停住了，纷纷摆手谢绝。

小凡很郁闷，但又不知道该怎么反驳。有一次她用了另一个人的洗发水（经过对方同意后使用），用后对那个舍友说："你的洗发水真好闻，味道很香啊！"

小丹听后立刻大声道："你能别这么小市民、小家子气吗？就跟没见过似的！谁家的洗发水不香啊？有臭的吗？你找出一个来，给我看看！"

其他人捂着嘴笑，小凡气得面色通红，然而又想不出可以说什么，最后只是生了一肚子气。

还有一次，小凡早上起床迟了些，着急忙慌就去上课，临出门前忘了把垃圾带下去（那天她做卫生）。晚上回宿舍后，小丹指着她大声指责："别人值日都打扫得很干净，你经常不做卫生，还不扔垃圾！怎么这么懒？以后大家都这样，宿舍没法住了！"

小凡质问她："哪一次我没打扫干净？就只有这一次忘了扔垃圾而已，谁还没有忘的时候，难道你就都能按时扔垃圾吗？"

小丹声音提高了八度："我们就从来没有像你一样！做错事了还理直气壮，真是奇了怪了！"之后她二话不说摔门而走，去跟宿管员投诉了。

小凡因此而大哭一场，失眠好几天。她本以为只有小丹一个人故意针对她，其他人会理解她，结果没过多久，她就被宿舍的人集体孤立了。

大家不再跟她说话，迎面遇到装作没看见，有两个舍友对她态度还很恶劣。小凡因此而长期失眠，最终实在没有办法，找宿管员调到了其他宿舍。虽然调配宿舍解决了眼下问题，这次经历却在小凡心里留下了巨大的创伤和阴影。后来她毕业参加工作，在公司里又遇到了类似的人。

跟我咨询时，她很痛苦又很委屈地问："我到底该怎么做才能摆脱这些人啊？他们对我造成的伤害太大了，我现在每天晚上做噩梦，已经抑郁了！"

通过上面的案例可以看出，敏感者在社交中如果遭遇普通人，那么只是稍微不适，并不会产生太过严重的负面影响；但如果遭遇的是攻击性非常强的人，那么则很可能立刻陷入万劫不复。

很多人认为，某人之所以对自己实施攻击，是因为他自卑，他在嫉妒自己。然而通过这些年我对各类案例的观察发现，还真不是大家所想的那样。据我所见，绝大多数实施攻击的人，本质上完全没有"自卑"的任何倾向、迹象，不仅如此，他们还经常表现出"极度自恋"的一面。也就是说，他们之所以对你实施攻击，并不是出于"自卑导致的嫉妒"，而很可能是因为"极度自恋"。当他们对你实施贬损打压、嘲讽谩骂时，并不是因为他们觉得自己不如你，而很可能是发自骨子里认为你糟糕、差劲，认为他们比你更优秀、更优越。

真正自卑的人是很难对他人实施攻击的，因为他们没有底气，也没有太大实力去这么做。在还未有所动作前，就会先认输，最多说几句酸言酸语，然后继续陷入"自我厌弃"状态中去。

凡长期、持续、执着地对其他人实施攻击行为的，几乎都是因为对自己的认知是"我最优秀，我非常喜欢自己，我是最优越的"。因为有了上述认知，所以会本能地认为周围所有人都不如自己。

1. 过度喜爱自己的人，往往并不在乎道德、底线、原则

他们的自我意识非常强大，远远挤压其他人的存在。这时极度自我的特质会使其无所顾忌，一切言行举止围绕无边界利己进行。为了无边界利己，怎么伤害他人都无所谓。

自卑者往往不会这样，他们的自我意识非常薄弱，这种情况下是很难对他人产生真正威胁的。

2. 过度喜爱自己的人，会对一切可能挤压自己存在感的人实施攻击

他们通常无视他人，包括对他人的处境、遭遇、经历、感受漠不关心，眼中只有自己，只能看到自己。一旦意识到周围有其他人存在，就会采取攻击行为，直到将对方从自己的世界踢出去。

案例中的小余很显然意识到了小禾的"威胁"，她不能允许在视线范围内还看到其他人，更不允许对方超越自己，所以会通过各种手段将"威胁者"消灭掉。

案例中的小丹很显然也是因为觉得小凡碍眼，原本看不到其他人，但莫名其妙就注意到小凡了。她不能允许自己眼里有他人存在，于是立刻对小凡进行疯狂、持续的攻击，直到后者主动消失。

3. 部分过度喜爱自己的人也会对外界反馈非常敏感、敏锐，然而与社交敏感者所不同的是，前者关注的焦点是"在对方眼里，我的地位、优越感是怎样的"

过度喜爱自己的人会为了得到更高的地位，而一遍遍回放社交过程中其他人的反应，从而找到他们的弱点、破绽。他们会为了地位不择手段，采取一切显性或隐性攻击行为，且完全不在乎这种行为会带给他人什么伤害。

即便都是对外界反馈敏感，然而极度自恋的人往往会通过对外攻击来获得地位、话语权；社交敏感者则通过对内攻击进行自我厌弃、自我碾压。

4. 过度喜爱自己的人能轻易地对社交敏感者实施攻击，然而在前者看来，他们甚至压根意识不到其言行已经深深伤害到后者了

电影《复仇者联盟 4》中有一个片段，其中一个角色对灭霸说："你毁了我的全部，我要杀了你！"灭霸则满脸茫然："我根本不认识你。"极度自恋者往往就是那个"灭霸"，只是打了个响指而已，却给社交敏感者带来了毁灭性打击。后者往往记恨终生，前者却茫然不觉，根本没觉得自己伤害到他人了。

5. 过度喜爱自己的人非常容易对周围人实施攻击

他们的攻击分两类：显性攻击和隐性攻击。案例中的小余属于隐性攻击，案例中的小丹属于显性攻击。隐性攻击多是出于被威胁感，显性攻击则往往由于看着碍眼，想一脚踢开。

生活中我们每个人都会遇见几个极度自恋型人格特质者，哪怕正常人格也经常会被其伤害，更勿论社交敏感者；他们可以说是后者"天敌"一般的存在。

3.4.3　攻击者是如何得逞的？

看完前面的案例，大家可能觉得极度自恋人格者对其他人施加的攻击，方法并不高明，手段也并没有什么了不起，然而为何总能得逞呢？尤其当对社交敏感者实施伤害时，几乎是不费吹灰之力。

1. 极度自恋型人格几乎没有任何"愧疚感"，不具备同理心，也没什么道德感或原则底线

正常人格特质者经常会对其他人的悲伤、痛苦产生共鸣，感同身受。这时，当他们伤害别人时，自己也会有愧疚、不忍的感觉，经常会在事后觉得不好意思。

社交敏感者则更甚，他们没有任何伤害他人的能力，就算被人伤害了，还要自我责备："我是不是做错了？可能真的是自己不够好。我的确有问题，惹对方生气了，是我不对。"

然而极度自恋者不会这么想，他们只会对自己愧疚，对其他人的伤心难过则无动于衷。这会让他们无所顾忌地攻击、伤害周围人。在这类人看来，如果自己的存在感被他人挤压，就会产生"自我亏欠感"。为了弥补那个"自我"，他会采取执着的、持续的攻击行为。

社交敏感者遇到极度自恋者时，前者充满了愧疚、自责，生怕真的是自己的问题导致他人厌恶自己；后者则对其他人充满了理直气壮的挤兑，不这样做就会认为自己"被亏欠"了。于是前者遭遇后者，会直接沉没，连翻身的机会都没有。

2. 虽然很多极度自恋者并不会让自己表现得太过精明强悍，然而实际上他们的"双商"都非常高

他们往往心思缜密，观察力及获取信息的能力极强。有些极度自恋者会想尽办法隐藏自己，是精明的伪装者，善于用各种虚假人设让自己看上去纯粹纯洁、善良耿直、单纯无辜，甚至有时会故意表现得不通人情世故、死脑筋。

当社交敏感者整日纠结于"大家是不是很讨厌我"时，极度自恋者研究的却是周围人的弱点、软肋、特质。他们具有极强的观察能力和分析能力，嗅觉敏锐，可以立刻知道对方谈话中的弦外之音，摸清对方的真实意图。所以，他们善于面对不同的人，采用不同的方法，见什么人说什么话，能轻易获得周围人的喜爱，也能轻易让你讨厌。当然，是否被你讨厌，他们根本不在乎。

他们对你的喜恶了如指掌，你却对他一无所知。正所谓"知己知彼，百战不殆"，不知己也不知彼，则屡战屡败。

社交敏感者经常会在自己完全不注意的地方被极度自恋者怼得哑口无言，事情发生后还不知道自己到底哪里做错了；听对方说得有理有据，很像这么回事，觉得不太对，又不知道怎么反驳。

其实并非你做错了什么，而是他们清楚你的弱点和软肋。他们知道该采用什么方式攻击你，才能让你毫无反击之力。他们的根本目的不是就事论事，而是对你实施打压伤害。

3. 极度自恋者本身没什么心理弱点，却对周围人的心理弱点一清二楚

极度自恋者经常产生自我亏欠感，为此一定要想方设法进行弥补。同时，他们对周围人具有什么样的心理弱点则了如指掌：A 的痛点，B 的软肋，某句话怎么说才能更好地引起他人的关注 / 反感 / 抗拒 / 受伤。

极度自恋者轻易不说话。只要他一开口，几乎每句话都能戳中别人心窝子，扎得别人无还口之力。

案例中的小余就是如此，她所说的每一句话看似都没有杀伤力，却成功引起其他人对小禾的厌恶。为什么？因为职场中人都有共同的心理弱点：讨厌不专业的，讨厌不靠真本事的，讨厌卖弄聪明的，讨厌投机取巧的。

小余很聪明地抓住了大家的心理弱点，三言两语就成功地激起同事们对小禾的反感和厌恶。而同时，小禾却对此一无所知，明明大家都开始排斥她，她还不知道问题出在哪里。

4. 极度自恋的隐性攻击者具有异于常人的耐心，会花很长时间接近目标并彻头彻尾地了解他

我遇见过很多被亲密的朋友欺骗、背叛的案例，其中受害最深的小飞，有个交往了十多年的朋友。然而最后，他却被朋友骗了很多钱，对方得到钱后立刻消失，再也找不到了。

"我压根没想到他是这样的人，之前我有事情急需用钱，他二话不说给我转了5000 元。也正是通过这事，让我对他非常信任，没想到……"

另一个案例的当事人小丽，跟朋友认识好多年，一直都觉得对方是个非常好的人。但渐渐地她发觉对方不太对劲，为何每当把对方介绍到自己的朋友圈，那个圈子中的其他人都会逐渐开始对自己冷淡、疏远，甚至排斥？

小丽莫名其妙地失去了三四个圈子，最后才想到会不会是她朋友的问题。于是她跟从前圈子里一个关系很好的朋友取得联系，鼓起勇气问对方："某某（她朋友）是不是曾经跟你们说过什么？"

对方沉默了几秒钟，说："她跟老公离婚，难道不是因为你插足吗？"

小丽彻底傻了："没有啊！我跟她老公压根不熟！她为何要这么诋毁我？"

对方却表示："她没说太多，就表示你爱操心别人家的事情，有一次聚会你跟她老公不知道说了什么，导致两个人回家后大吵一架。那之后感情就不是很好了，后来就离婚了。"

小丽听罢，脑子已经跟不上了，一再问对方："她到底是怎么说的？我和她老公说过的话加一起都超不过十句，哪里来的这么大影响力，会让他们俩因为我说了什么而离婚啊！"

对方也是半信半疑，始终对小丽有芥蒂，就不肯再多说了，匆匆挂了电话。

之后小丽找朋友对质，对方却表示："我从来没说离婚是因为你，但的确那次聚会后，老公就跟我吵架了啊！我俩结婚好多年，从没吵得那么严重，我只是说出这个事情，被人误解了，能怪我吗？"

这下小丽也不知该说什么，总觉得哪里不太对，但对方说的话让自己无法反驳。但不管怎样，从此之后她留了个心眼，再没让对方加入自己的任何社交圈，类似的事情也就再没出现过。

极度自恋者长期潜伏在目标对象身边，往往表现出非常投缘、非常友善、性格特别好、人很憨厚老实的样子，以此消除对方的戒备。他们就像狩猎者，暗中盯着猎物的一举一动，待时机成熟后，立刻毫不手软地宰杀。

有些是为了利益，有些是为了能够对对方进行控制，还有一些则只是希望验证"我比你优秀，我比你优越，你的朋友们都不喜欢你，他们更喜欢我"，如此而已。

简而言之，极度自恋者往往将一时的输赢看得比生命更重要，为了每时每刻都能赢，他们会无所不用其极，毫无操守底线。

5. 极度自恋者不仅善于察言观色,拿捏他人喜恶,更善于使用各种"话术"对他人进行操纵

从前文中的案例可以看出,他们很擅长利用他人的喜恶来对目标对象施害,知道该如何说、如何做能轻而易举地达到目的。其中,使用各种"话术"就是拿手技能之一。比如前文案例中的小余,她从来没有直接说过小禾不好,然而每一句话所暗示出的含义都是在向其他人宣称:小禾不专业,能力差,不懂还总爱瞎说。小丽的朋友从没公开跟别人说过前者不好,她只是捏住了大家"厌恶"的事情,用话术对他们进行暗示,就使小丽圈子里的人远离她。

再举个例子,小何跟小罗说:"小崔找我借了5000元,已经借了4个多月了。"(注意:这里小何并没有直接说小崔借钱不还,而是通过巧妙的话术来暗示小罗,让小罗自己往这方面去联想。)

小罗听罢很气愤,从而疏远小崔,还在共同圈子里替小何鸣不平:"小崔这人怎么这样?借了钱也不还!"圈子里其他人一听,也很气愤,于是集体孤立小崔。

而他们谁都不知道,事实真相其实是,小崔找小何借了5000元,约定一年内还清,且按照银行定存标准支付借款期间的利息给小何。

这个案例中,小何就是利用了周围人痛恨借钱不还这种行为的疾恶如仇的心理,用简简单单的一句话,就达到了让所有人自觉自愿地去孤立小崔的目的。

其中,受害者不仅只是小崔,实际上每一个看似为她鸣不平的人,都是被操控和愚弄者,都成了被小何玩弄于股掌之中的"棋子"。

极度自恋者的高明之处就是他们并不说谎话。实际上他们说的往往都是真话,只不过把真话里的重要信息掐头去尾、断章取义。于是事情原本还是那样,意思却变得完全不一样了。这样的"真话",不仅令人无法反驳,还永远不会被拆穿。即便被拆穿也不怕,因为他们还有一个大招:"诡辩"。

小崔:"你凭什么说我借钱不还?"

小何:"你有病吧?我说的是你找我借钱,还差8个月我才能拿到这笔钱。谁说你借钱不还了?你是不是有被迫害妄想症?"

这时小崔就会被怼得无言以对,因为小何没说谎,她表达的的确是这么个意思,至于其他人怎么理解,就跟她无关了。

生活中,这类套路无处不在,一个不注意,社交敏感者就会轻易沦为受害者,而正常人格特质者则往往沦为"打手"。

6. 极度自恋者有异于常人的信息获取能力

前面讲过，这类人能轻而易举地获得其他人的喜爱及好感，因为他们非常善于伪装自己，在人群中毫不起眼，却可以不动声色地跟周围人打成一片，用精心准备的话术套取他人信息，尤其当遇到社交敏感者时获取信息对他们而言简直轻而易举。

当他们知道的信息越多，小道消息、八卦绯闻就越多。这些可以帮助其打通更多社交圈，通过叫卖其他人的"私密或糗事"来刷存在感，博得对方注意。

7. 极度自恋者可以面不改色、义正词严地对他人进行激烈的贬损打压、质疑批判

只要他们想，就能做到这件事。社交敏感者恐怕一辈子都不好意思拒绝他人，更勿论当面指出对方有问题；而极度自恋者则站在另一个极端，他们可以随意打压别人，完全不会觉得有任何不妥。前文案例中的小丹就是这类特质者。她们的攻击性非常强，几乎能从每一个维度、每一个细节，对目标对象实施360度无死角的激烈打击。

极度自恋者对他人实施攻击，并非源于自卑，而是从骨子里蔑视他人。他们蔑视他人的一切——尊严、人格、权益、利益等。换言之，只把自己当人看。

不要说是社交敏感者，哪怕正常人格者，一旦遭遇极度自恋者，都会经历一场灾难。这种情况下，我们该怎么做，才能避免被施害呢？

3.4.4　遭遇极度自恋者，应该怎么办？

世间百态，什么样的人都有，我们不可能在任何社交场合都只遇见喜欢自己的而又被自己喜欢的人。更多的是对自己无感的、自己对对方无感的、略微讨厌的、彼此看着不顺眼的、非常讨厌的、有些畏惧的、看着就发怵的……

所以，社交敏感者在进行人际接触时，要摆正心态：任何人都会遇到上述问题，不仅仅只有自己才会被困扰。我们不能选择跟怎样的人遇见、接触、打交道，但能决定采取怎样的心态、思维、方法去应对他们。

1. 不要因遭遇极度自恋者就产生自我质疑，进而恐惧社交

极度自恋者并不是少数个别者，实际上他们占比很高，几乎在任何圈子或领域都可能遇到。只不过无论是社会学、心理学还是其他学科，对这类人格特质者的研究都非常少，导致掌握的信息少。信息稀缺导致大家认为此类人不是多数。

这个认知是错误的。每十个人中，至少会有一个极度自恋者，区别只在于是否被你发现而已。

我们都知道社交对自己的诸多利好，若因为遭遇这类人格者就主动放弃，相当于被迫剥夺社交权利，进而被剥夺人脉获取权利、信息获取权利、资源获取权利，最终导致无法发声（说了也没人能听到，不能扩散出去），彻底丧失话语权。

它的害处一言难尽，所以即便你是社交敏感者，也不要因为遇到极度自恋者就对社交产生恐惧。

2. 警惕你周围的隐性攻击者

他们可能会故意跟你亲近，表示友善，甚至会对你诸多照顾。识别是否真的"关系亲近"，是真的"照顾"还是为了"捧杀"，只需要三个简单步骤。

（1）向对方请教问题，看他如何回应。

真正对你亲近、友善的人，会耐心倾听，并根据你的描述深入问几个问题。了解清楚后，再给你回复。他们的回复往往有一定的参考价值，会将方法、思路、步骤、原理，都跟你解释一番。

假装亲近的人则会避重就轻，东拉西扯，转移话题。比如你问他："你经常参加商务宴请，能请教一下商务场合应该怎么表现自己吗？"

隐性攻击、假装友善的人会这么回答你："该怎么做就怎么做呗！我都是看心情，没太注意过。对了，我这边有两张电影票，咱们看电影去呀！"

有些隐性攻击者甚至会故意告诉你错的参考答案："当然是要尽可能多说了。你不多说，那些大老板怎么可能注意到你？我经常参加这类场合，听我的没错！"你要是听了他的，那一定会实力被坑。

（2）看他是否会经常在你面前打压、质疑、批判、嘲笑其他人。

俗话说得好：说人是非者，必是是非人。如果他总在你面前打压、批判其他人，那么很显然，在你看不见的地方，他也一定会跟其他人这么说你。

真心亲近你、对你友善的人，往往都是正常人格特质者，他们对其他人的八卦之兴趣度并不高，除非有足够利好，或真的被气到了，否则绝不会隔三岔五地跟你说他人是非。

极度自恋者在你面前批判他人的目的很简单，列举如下。

"我跟其他人关系都很一般，只跟你关系最好"——刻意制造亲近感，博取你的信任。

"其他人都不行，都不如你，你最棒"——捧杀。

"其他人都有各种问题，烦死了"——以此彰显他自己才是没问题的、优秀的一方。

"其他人都有不妥，好讨厌"——套话，看看你怎么说，通过你的回应方式，就能间接分析出你的喜好、厌恶、特质、软肋。

（3）看他是经常给你机会还是教授你思维和方法。

如果是前者，那么他不仅是极度自恋者，更可能是精明伪装的骗子。真正希望你赚钱的人，会给你推荐课程、书籍，让你看案例，而不是只让你"捡现成的"。

什么时候才会直接给结果并让你相信自己能够信手拈来呢？很显然，是在对方想要"钓鱼"的时候。

上述三个方法试一遍，几乎就能立刻识别出周围哪些人与你是真的亲近，哪些是打着亲近旗号的隐形攻击者。

注意，识别对方教授你技能、思路、方法、信息真伪的最好方法是自己搜索，多向不同人验证，看相关书籍，听课程培训，综合分析后再决定。

3. 与隐性攻击者狭路相逢，怎么办？

如果社交敏感者不小心被极度自恋者"隐性攻击"，从而导致被排挤、被孤立，这时可以采用正确归因法应对，即自己是在任何圈子、场合都容易被排挤、被孤立，还是只在特定圈子被这样对待？

如果只是在特定的圈子才会这样，那么很简单，直接换圈子（职场不适合此方法，后文会提及）。如果在其他不同类的场合也容易被排挤、被孤立，则说明我们的弱点太多，容易让极度自恋者钻到空子，建议按以下内容改善并应对。

（1）你是否充分展示了与其他人的"一致性"？

被排挤、被孤立的社交敏感者往往会让周围人觉得"格格不入"，这时只要极度自恋者稍加推手，立刻就能对社交敏感者实施排挤。我们可以参考本书3.2.2以及83页"发掘一致性"的内容进行改善。

（2）注意说话方式，不要总在无意识中"杠"别人。

我曾遇见过一个案例，当事人就是典型的社交敏感者。他走到哪里都被人排挤，非常郁闷，却苦苦找不到原因。当跟我聊了两次之后，我发现，他说话的方式不太讨喜。

比如正常的聊天是这样的：

其他人："这道菜真好吃！"

你："是呀！厨师手艺不错！"

不会说话的则是这样的：

其他人："这道菜真好吃！"

你："也不怎么样，我妈做的比这个好吃多了！"

偶尔一次两次没什么，如果总这样，其他人肯定会不喜欢："怎么我们说什么，你都唱反调？你是不是故意来捣乱的？"久而久之，谁都不想跟你说话了。最可怜的是当事人还往往满脸无辜："我没说错呀！我妈妈做的饭就是比厨师的好吃！说实话也错了吗？"

说实话没有错，不过我们需要注意表达的方式和方法。如果将它改为："的确不错，我妈妈做这道菜也很好吃，改天你们来我家尝尝呀！"这样一来，其他人的接受度就会高很多。

技巧是：先肯定对方所说的，再加上自己想表达的，尽量避免使用"可是 / 但是 / 也不都这样 / 我不这么看"。

将上述改为："是的，以及……/ 可不，并且……/ 同意，补充……"。

这些都是为了增强自己与社交中其他人的"一致性"而使用的话术，大家的"一致性"越多，其他人对你的接受度越高，此时极度自恋者对你实施"隐性攻击"的难度就越大。

（3）凸显专业性及价值。

极度自恋者通常喜欢暗示他人：某某不专业，某某什么都不懂，某某毫无价值。这时我们要做的不是跟流言蜚语死磕，而是在细微之处展示自己的专业。展示方式主要有以下四种。

① 利用好社交平台，比如微信朋友圈。不定期分享专业知识技能的文章，并附上几句自己的专业看法、观点。

② 关注周围人是否需要专业性的帮助。如果需要，积极主动地自荐，不要总

觉得不好意思。

"主动提供专业性的帮助"不仅能彰显价值，还能改善隐性攻击带来的负面影响。注意这时我们"适当为之"即可，不要过度，否则会让对方认为你是在巴结、讨好，只会适得其反。

③偶尔在朋友圈展示自己的业绩、成效（同事之间谨慎展示）。

一切用业绩成效说话。当你取得好的结果，价值度自然就高，这时隐性攻击者说什么都没用。

④与他人沟通、聊天时保持落落大方的姿态，抬头挺胸，不要驼背或目光闪躲。

姿势、神态非常重要，比你"说了什么"更具有影响力，能对他人构成暗示。一个畏畏缩缩的人，更容易被隐性攻击者造谣、排挤；落落大方的人很难下手，因为造谣的成本会更高。

（4）与一致性较多的人私下多互动，各个击破。

这里包括但不限于主动帮助对方，向对方求助（小事情），及时表达感谢，多展示自己的优点、闪光之处。

社交敏感者的一大弱点是"过于被动"，极度自恋者非常熟知这一点，所以才会肆无忌惮地在圈子里对其进行排挤攻击，因为他们知道，社交敏感者不会主动澄清，更不会当面对质。

想要改善被排挤的现状，社交敏感者必须学会主动出击，将主导权拿回自己手中。我们可以先从"一致性较多"的个体入手，循序渐进地进行。若对方开始时态度冷淡，我们可以选择开诚布公："为何大家最近对我的态度都不是很好？我反思后实在想不出做错了什么，能向你请教一二吗？"

注意：上述都要私下进行，不要让其他人感觉难做。实际上在排挤孤立的过程中，很多人并不关心事实真相，只是做个盲从盲听的"乌合之众"。他们大多是看领头羊的态度，然后有样学样地去跟风。

这就是为何前文案例中，宿舍其他人并不站在小凡这边的主要原因。小时候，我们以为正义必将战胜邪恶，相信"人民群众的眼睛是雪亮的，公道正义自在人心"。作恶者不管怎么作，一定会被大家识破，赶出圈子。长大以后才渐渐发现，童话里的故事都是骗人的。实际上，绝大多数人都懒得自己动脑思考、分析判断，更有很多是抱着"慕强心理"在混社会——哪方更强势，更能混得开，就站在哪一方。

一来大树底下好乘凉，二来免遭麻烦，三来当别人成为被攻击的对象时他自己就能幸免了。所以，哪怕围观群众看出不妥，知道谁才是有问题的那个，但他们之中的绝大多数并不会选择公道正义，而是会"助纣为虐"。

别疑惑，真相就是这么扎心。所以，一方面，我们要能击破的就击破，对于乌合之众则可以直接弃之；另一方面，想要拉拢可以挽回的人，就不能在实施攻击者面前做这件事，而应该私下低调进行。开诚布公的对象必须具有一定的同理心且"好说话"。不要找看上去冷漠的人沟通，否则可能会受到二次伤害。

（5）对恶意谣言"冷处理"。

极度自恋者在实施"隐性攻击"时，往往喜欢用大家都讨厌的事情来做文章。比如，借钱不还，工作经常出错，没有责任感，负能量满满，经常给别人难堪，欺负弱小，不懂装懂，炫富，靠不正当手段上位，出卖朋友，诸如此类。

遭遇排挤时我们不必跟所有人都解释："我没有这样，也没有那样，更没有……"这时应尽量冷处理，不要去回应。你的回应只会加深其他人对你的负面印象，于澄清事实无益。当你解释事件 A，对方立刻会提出你有 B 的问题；当你去解释 B，对方立刻又扯出 C……上述都是有真实案例的，当事人越是解释，越解释不清，最后彻底被扔进谣言之中。

社交敏感者在此期间会担心："如果这样，岂不是让对方得逞了？没人知道真相，怎么改善关系啊？"

实际上，前面已经提及，即便你去解释，也不会有人关心真相。乌合之众属于大多数，能做到仔细思考、分辨的，非常少。大家只关心哪方的声音大、声音多。这时一旦势单力薄的一方予以回应，就一定会加高对方的声音，帮对方去更快速达成所愿。

冷处理的同时，展示自己的优点、优势，并通过"私下击破"的方式来看看有没有改善的可能性。

（6）学会转移他人的注意力。

当有不利于你的负面传闻涌现时，可以采用转移公众注意力的方法去反击极度自恋者的"隐性攻击"。

① 利用当下热门的话题去制造紧张、焦虑的感觉。

比如，"最近股市不太好，我朋友是做分析操盘的，他说股票很可能会有较大变动，玩股票的要多注意啊！"将其他人的注意力从对你的审查转移到对自己利益的关注，这时他们就无暇对你质疑批判了，一定是纷纷打开电脑，查看自己购买的股票情况。

再比如，"前几天听到领导们谈话，咱们公司的人事架构可能会有调整。再多的我也不清楚了，不知道的也不能乱说。"这时没人会再在乎你的事情了，大家一定是纷纷用各种方法去打探，生怕人事变动会牵涉到自己。

注意："制造焦虑感"不是让大家去编造谎言，而只是加深大家对其他负面事件的关注度，且让他们知道，这个负面事件关系到他们的自身利益。

②让自己表现得非常"忙碌"。

忙碌的人是没时间做坏事的，即便某件事没有做好，至少也一直在努力。"努力"本身是正面词汇，当我们遭遇极度自恋者的"隐性攻击"时，让自己表现得"非常努力，非常忙碌"，能有效扭转大家对你的负面印象。

③散布正能量，用正面状态抵御攻击。

极度自恋者往往会使用负面的东西来影响他人，令他人对我们产生反感、排斥、厌恶。这时我们不需要自证清白，而应该积极散布正能量，利用好社群及社交平台，多发布正能量的内容，并借此鼓励其他人，使其他人对我们的关注转移到正面信息上去。

比如，"这篇文章写得很好，每一个有家庭的人都不容易。大家上有老，下有小，爱护自己的健康非常重要。希望圈子里的朋友也多关注身体，对自己好一些！"

再比如，"我们的团队越来越强大了，我发自内心地感到自豪！"

"今天帮助一个同事完成了工作，我非常有成就感！"

当谣言越是凶猛，对你不利的事件越多，你越应该积极利用正能量去抵御负面影响。

注意：正能量的散布要适可而止，否则很像是故意卖弄，反而容易引起负面结果。

（7）让自己"消失"一段时间。

这个方法适用于你真的已经处在极度的劣势状态中，各方人和事都非常不利。那么我们可以通过"消失"来淡化事件的负面影响。

生活圈："终于可以休假了，这次要去旅游。为了能全心全意地休假，手机会关机10天，大家10天后再见！"

职场："领导，最近的某个项目我希望能参与异地考察，这样对接下来团队任务的完成有好处，能申请一起出差吗？"如果没有出差机会，则尽量在这期间让领导多交给自己需要出差的工作。

注意：职场中某些特殊情况下，不能用"消失"解决问题，否则你会彻底处于被动状态。这时我们需要具体问题具体分析。上述仅供参考，切勿生搬硬套！

总之，及时"消失"有利于事件淡化；你消失得越久，事件对你的负面影响就越小。人对焦点事件的关注度不会超过 48 小时，就像金鱼只能记住 6 秒内的事情，过了这个时间段，他们的注意力必然会被其他人、事、物转移。所以，当你事后归来，不利于你的负面信息及负面事件往往就平息了。

（8）保持情绪冷静，尽量不要被极度自恋者牵着鼻子走。

前文提及,社交敏感者有四大脆弱,其中之一就是"情绪脆弱"。想控制一个人，首先要影响他的情绪，让他愤怒上头，做出不利于自己的决策。

如果我们能从始至终看透对方的套路、招数、目的，并知道应对策略，这时就不会被情绪牵着走。管住情绪能有效预防被控制，让我们更冷静地处理问题。

（9）不要纠结于自己的委屈，不要执着于"这不公平"。

当被极度自恋者进行"隐性攻击"时，社交敏感者非常容易纠结于"委屈""不是这样的""你们为何不听我说"，并且认为自己被所有人抛弃、厌恶、失败至极，不想再做些什么了。他们会一直沉溺于因此而带来的负面情绪中，甚至造成严重的心理创伤。

第一，要不断跟自己默念：做错的那个人是对方，不是自己。如果持续低迷、焦虑、抑郁，那么就是在用他们的错误惩罚自己。对方的目的就是让我们陷入情绪低谷，如果你照做，他就如愿了。

第二，不要纠结真相或公平。绝大多数人都对此漠不关心，也同样并不那么关注你身上到底发生了什么。他们只是围观看热闹的，时候到了自然就散了。每个人都更关注自己，八卦也好，负面事件也罢，终究只是茶余饭后的插曲。过不了一周，大家就会将其抛于脑后，若干年后除了你自己，恐怕没人会再记得这事，更不会记得你。

所以不需要在深夜一遍遍地放大自己受过的委屈和欺辱，这些没有任何意义，只会加重内心的惩罚和煎熬。

第三，通过努力结交新朋友，或暂时换个新环境来进行自我疗愈。比如旅游、参加活动、培训、课程等，让自己变得忙碌而充实，无暇顾及对方带给你的负面影响。

转移注意力在任何时候都有奇效，万一我们因此而交到更好的朋友，得到更好的机会，体验到更多的快乐，学到更好的知识技能，那么便是"因祸得福"。要给自己留下"因祸得福"的可能性，及时勇敢地走出去，不要在负面事件的牢笼里自我囚禁。

第四，所有先放弃你的，都是不适合你的。每当极度自恋者实施"隐性攻击"时，一定会有人偏听偏信，他们就像墙头草一样，哪边风大就往哪边倒。所以，不需要纠结"他们为何不相信我"，那些人只是不适合你而已，哪怕他们之中有人曾经与你很亲密，出现事情后快速倒戈也很正常。

每个人都有自己的立场、观点、态度及思考方式，对方没有相信你，而是相信其他人，说明本质上他们的思维更具有"共性"。让与你"共性"较少的人主动离开，未尝不是一件好事。通过负面事件对朋友进行筛选，也未尝不可。

4. 与显性攻击者狭路相逢，怎么办？

无论生活、社交、职场还是其他场合，诸如前文案例中小丹那样的显性攻击者也并不少见。他们四处贬损、打压其他人，你说什么都会遭到他们的批判，甚至谩骂。久而久之，你越来越不敢开口说话，做事也会变得小心翼翼、唯唯诺诺。

（1）克制负面情绪，多做几组深呼吸。

社交敏感者最大的痛点就是不知该如何应对正面的、激烈的批评批判。遇到这类事情，他们往往不受控制地感到委屈、愤怒、挣扎，负情绪一股脑地涌上来，接下来彻底乱了，完全不知道自己该说什么、做什么。所以我们尽量克制负面情绪，可以从以下步骤做起。

① 先不要着急回应，而应做 3~5 组深呼吸，将注意力从外界拉回到自己身上。

还记得前文提及的方法吗？我们要时刻关注自己的需求、感受、目的，直到能平复心情，回想起短期目标，然后再继续。

② 转换看待问题的角度。

原来："他凭什么这么说我？他自己难道没有问题吗？"

现在："他是来锻炼我情绪管理能力的，我要珍惜这次机会，看自己能否在这样的情况下，很好地控制自己情绪。"

原来："他是在故意给我难堪！不能忍，否则就输了，就是变相承认了！这样一来所有人都会认为我做错了，然而我没错！"

现在："对错不重要，其他人关心的不是事实真相，而是双方在对峙期间的表现、反应和态度。我表现得越大度，越宽容，越不计较，专业性越强，在别人面前的加分就会越高。"

原来："他怎么能这样？完全不给我面子，太尴尬了！"

现在："最好的有面子方式不是急赤白脸地吵架，而是如沐春风地四两拨千斤。"

原来："他就是故意欺负我！太可气了！"

现在："我是强大的，我不需要向任何人证明自己的强大。他无法真正欺负我，因为我有更好的方法应对且不会因此而被影响。"

③ 保持微笑，假笑久了也会变成真心的笑。

这是利用面部表情给自己做心理暗示，哪怕开始时是勉强的、牵强的、很虚假的笑，但只要笑容挂在脸上超过 3 分钟，你就会倾向于认为自己目前的状态还不错。平日里多注意唇角的位置，不要总是向下。保持"微微翘起"的姿势，多加练习，让"笑容"常挂在脸上。

显性攻击者最喜欢看别人难堪、出糗、下不来台、尴尬、被怼得面红耳赤而无力还击。社交敏感者切忌将上述情绪表露出来，否则对方一次得逞，就会步步紧逼。

过程中尽量要云淡风轻、平和从容，"让自己保持微笑"非常重要。

④ 尽量放缓语速，拉长语调。

这个方法能有效缓解自己的焦虑、急躁。通过语调、语速的改变对自己及周围人进行心理暗示。人们都有爱看热闹的心理，你的语速越快，声调越高，吸引来的人就会越多；相反，如果对方急赤白脸，你却让他一拳打在棉花上，大家看了一会儿觉得没意思，自己就走了。

显性攻击者对你实施攻击的最大目的就是让你难堪，被其他人看笑话，我们不让对方如愿，久而久之，对方无法得逞，就觉得没意思了。

（2）职场或较为正式的场合中，采用"顺势夸赞＋转移话题"的方式。

这个方法仅适合社交敏感者。如果让你直面回怼对方，可能会比登天还难，所以我们应该使用最擅长的"夸赞"方式来回应对方。

对方："你能别这么土吗！怎么连这种事都不知道？"

社交敏感者："你在这方面还真挺厉害的（顺势夸赞），多给大家分享呀（转移话题）"！

对方："你怎么这么懒，垃圾都不倒！"

社交敏感者："你真的很勤快，自我管理能力这么好（顺势夸赞），能说说方法吗（转移话题）？"

对方："你理解能力有问题，大家说什么你都听不懂。"

社交敏感者："我觉得你的理解能力还真挺不错的（顺势夸赞），你是怎么做到这么优秀的呢（转移话题）？"

如果对方持续攻击，比如，"这有什么学不会的？别人能学会，只有你学不会，你是不是智商有问题？"我们可以继续用上述方法回应："你的确很聪明，是怎么做到的？说说看呗！"

对方："跟你说了你也听不懂，对牛弹琴！"

你："我觉得你最大的特长就是能快速理解别人说话的重点，是后天刻意练习的吗？"

对方："这还需要练习？傻子都会！"

你："你是怎么做到不需要练习就做到这些的？父母遗传？你家人是不是高知分子呀？真好！"

对方："现在说的是你的问题，你扯我父母干吗？你是不是故意讽刺我？"

你："我真觉得你的表达能力非常强，你看，你快速地把事情的关键整理清楚并表达出来。如果有机会，给大家讲讲技巧、诀窍，那就再好不过了。"

一来二去，将对方对你的攻击绕回到对其夸赞上，通过这个方式"以柔克刚"，化解他对你的攻击。

注意：千万不要在对方打压你之后，就他打压的内容重复强调，否则会加深其他人对你的负面印象。

当你"顺势夸赞+转移话题"时，对方或许会不甘心，会尝试将话题不断拉回到你身上，企图让其他人重新注意到"你有问题"，这时我们只需要重复上述办法即可，不要接茬，而应该用真诚的语气，持续不断地夸赞他。不要自行退让，也不要针锋相对。

（3）非职场（或非正式）场合，对聊天目的进行分类。

非正式场合的社交中，我们的聊天通常有以下目的：谈论学习、工作的方法、技巧、思路，互相交流分享；发掘一致性，收获更多人脉；获取更多信息；没什么目的性，闲聊。前三种需要通过展示自我价值、关注对方需求来达成，二者匹配度越高，你距离目标就越近；最后一种则单纯是为了消磨时间。前三种聊天中如果遇到显性攻击者，对你的看法、观点等进行打压、批判，毫不留情地当众指责你，他可能是出于以下目的。

- 通过贬损打压想要控制你，比如不希望你说话，于是只要你开口，他就批判。两三次后，你就不敢开口说话了，对方如愿。
- 不想让你达成目的，只希望自己达成所愿，简称"故意捣乱"。
- 希望通过踩低你来彰显自己的优越。这点非常普遍且常见。
- 认为你没懂，反复解释、强调。
- 认为你的方法错了，想要纠正。

上述，无论是哪一种，我们可以统一回复一句话术："哦？你是怎么看的呢？"不管对方怎么回答，都可以紧跟一句"为什么？"。

这样做有以下两个目的。

第一，转移其他人的注意力。

让大家的关注点从你身上挪开，放在"接下来他会怎么说"上面。

第二，取经。

万一对方说得有道理，有可借鉴之处，那么当他分享时，他就成了我们免费的老师，这时不需要关注他的态度，而应该看他是否真的有干货，是否真的可以让你学到东西。

当然，对方还可能对你表示不屑，拒绝回答你的问题，贬损一通后转身就走。

这时我们要做的是面不改色，跟身边其他人继续其他话题，该干嘛干嘛。

这一步最关键的还是控制自己的情绪。社交敏感者要将它时刻记在心里，千万不要因无关紧要的人而影响自己。记住我们的社交是为了什么，希望得到什么。

如果因为无关紧要的人而没法达成，对方无所谓，损失的是自己。这时哪怕当面怼回去也毫无意义，因为从这一刻开始，我们已经在损耗了。

社交中，谈话交流要谨记目的性，它能更有效帮我们控制负面情绪。当有不好的情绪涌上时，赶紧转移注意力，回想"我今天是做什么来了？"，这样能让自己尽快从旋涡中走出来。

最后一类"闲聊"，遭遇显性攻击时完全不需要回应，毕竟即便口头占了上风，其他人也不给我们升职加薪。

诸如"他为什么总是反驳我？他怎么什么都要杠？"此类纠结毫无意义，我们没必要在无意义的人身上浪费时间，多专注自己才能得到提升。

对此，控制情绪最好的方法是立刻转移注意力，只关注自己想说的，忽视对方抬杠，不要因为他人的反驳而失去开口的信心。

小　结

极度自恋者走到哪里都能造成杀伤力，社交敏感者不是唯一受害方。我们要着重做好以下四点。

（1）了解他们的底细、套路、手段。

（2）知晓他们这么做的目的。

（3）找到应对方法和策略。

（4）全程管理好自己的情绪，通过技巧进行自我疗愈，不被负面的人和事情干扰或影响。

情绪管理始终是本书的主题，我们不需要压抑自己，只需要知道一些很简单的技巧，情绪问题自然能够轻松解决。

3.5

自我疗愈第三步：找到真实的自我

社交敏感者为何经常感到迷茫、困惑、苦恼？因为他们对外界有着敏锐且高度严密的监控察觉系统，非常容易被外界的风吹草动影响，甚至被控制。这样就会迷失本心，无法做自己，甚至找不到自己。

什么时候该付出？什么时候要为自己考虑，敢于拒绝？什么样的行为是"爱"？什么样的行为是"为我好"？什么样的行为是"以爱之名实施绑架、控制"？社交中该说什么、怎么说，才能很好地融入他人？

找不到自己就会纠结、焦虑，这些都源于自我意识的丧失。自我意识即自由，有自我意识才能拥有自由，丧失自我意识就很容易失去自由。失去自由导致分不清边界，就会在各类人际中被困扰，自我苦恼，从而长期处于情绪低谷。想要通过自我疗愈进行情绪管理，我们必须找到真实的、原本的那个"我"，即重新塑造自我意识。

3.5.1 自我意识跟五感六觉有关

重塑自我意识是一个漫长的过程，然而我们必须要做，因为它是造成社交敏感者大部分情绪问题的最根本原因。

自我主要包括情绪和价值。情绪让我们感受到自己是存在的。价值让我们感受到自己是重要的，是有意义及被需要的。价值与情绪紧密关联、相互影响，二者缺一不可。

社交敏感者经常因负面情绪而感受不到（甚至厌恶）自己的存在，想重塑自我意识必须先从情绪入手，而情绪又主要与我们的五感六觉息息相关。

五感是指人的尊重感、尊贵感、安全感、舒适感、愉悦感。六觉是指听觉、视觉、嗅觉、味觉、触觉、知觉。社交敏感者在五感六觉上经常出现失衡，长期累积就会造成情绪失控、崩溃，陷入茫然、焦虑之中。

1. 八种失衡及其表现

（1）尊重感失衡：过分尊重他人，但很难尊重自己。

（2）尊贵感失衡：过分抬高他人，认为其他人比自己尊贵、优秀，同时经常有自我轻蔑之心。

（3）安全感失衡：不相信他人，想要与外界保持较远的距离（或过分亲密并进行控制）；同时也不相信自己，包括但不限于不相信自己的能力、价值、优点、闪光处等。

（4）舒适感失衡：过度关心他人的舒适度（包括情感及身体），经常忽略自己的舒适感。

（5）愉悦感失衡：总希望让他人得到快乐、满足，想通过自己的言行让对方开心，但极少关注自己是否开心，哪怕不开心也经常装作很开心。

（6）听觉失衡：听到不好的反馈就盲目相信，听到好的反馈反而陷入怀疑。

（7）视觉失衡：目光过度停留在他人身上，很少自我觉察、自我关注。

（8）感觉失衡：总是意识到他人的存在，感受到他人气场，但自己的存在感很低，气场几乎为零。

2. 改善失衡的六个步骤

如何改善上述八种失衡，从而改善因社交敏感而产生的诸多情绪问题呢？

（1）与自己和解，充分自我尊重，包括但不限于以下五个方面。

①尊重自己的情绪、感受、需求。

②尊重自己的身体、人格、独特性。

③尊重自己的兴趣、爱好、三观、原则、信念、梦想。

④重自己的家庭环境、教育背景及过往经历。

⑤重自己的职业、决策、计划、目标、结果。

我们可以把上述内容写在纸上，每天早晚各读一遍。通过反复诵读，重复地将这些信息灌输进大脑中，从潜意识层面进行扭转。千万不要小看潜意识对个体的影响，我们日常生活中的绝大多数决策，除非经过反复刻意地练习，否则几乎绝大多数都是由潜意识下达指令，从而进行决策的。

这样一来社交敏感者的处境就会很可怕，因为人的潜意识是受成长环境、教育环境、家庭环境、外部因素、语言、地理位置等诸多因素共同影响的。如果意识不到这件事，将决策交给潜意识，那么我们不仅会被其束缚，还可能在不知不觉中做出不利于自己的选择。

所以，我们要做的就是通过外部的强制加载，唤醒潜意识里的"自我尊重"本能。

（2）不遗余力地让自己感到更加舒适，无论在身体上还是情绪上。

充分地爱自己，包括接受自己的缺点。尝试打扮自己，从视觉上增加自信及自我喜爱程度。可以先从佩戴喜欢的小饰品 / 配件或使用喜欢的钥匙扣开始。

用心布置房间，哪怕它只是租来的小隔间。居住区舒适与否非常重要，它能直接影响我们的感官，进而影响情绪。可以简单将墙壁贴上壁纸（或重新粉刷），淘一些软装配件（比如台灯、好看的靠垫、特色的装饰品等），保持光线明亮，坚持将房间收拾整齐，让它有温馨、温暖、安全的感觉。

买一张舒适的床，铺上喜欢的床单，放上喜爱的靠枕。人每天要在床上待至少 6 小时，让床更舒服、更温馨，非常重要。

认真准备三餐，让自己在能力范围内尽量享受可口的食物。同时，可以增加些仪式感，比如布置烛光晚餐，就餐时放几首轻音乐，使用特色桌布或餐具等。

有条件的可以坚持泡澡或泡脚，使用香薰、草药、磨砂膏，通过提高身体的舒适度来增强情绪的舒适度。

在家里及办公区适当摆放绿植，养一些金鱼，有条件的可以养宠物。人都有"亲生命"本能，让房间及工作、学习的地方有更多的生命，会从整体上提高情感愉悦度。

尽量选择材质舒适的衣服、鞋子，穿着舒适不仅可以让人感到愉快，更能有效提高工作或学习的效率，减少因此而带来的不便。

作息规律，少熬夜，少喝酒。保持良好的睡眠，让大脑得到充分休息。如果临睡前忍不住总是回放白天外界对自己的反馈，或总是将自己的失误、错漏无数次回放，不断感到懊恼、痛苦，那么这时可以尝试听轻音乐入睡。

有条件的可以坚持健身，运动分泌的多巴胺及睾酮素能有效提高情感，使人更容易感到快乐、幸福。

初学者注意循序渐进，开始时尽可能选择低强度的有氧运动，比如转呼啦圈、跳绳、快走、慢跑、做健身操等。

尝试冥想，通过冥想感受内在的那个"真实的自己"，觉察自己的情绪、心灵、需求、感受，从静谧中获得平静和安心。冥想可以有效缓解情绪问题，让人更专注于内在的觉察，而非外界的高度监控。如果社交敏感者从前都是想方设法地让他人感到愉悦，那么从今天起，请对自己好一些，将"怎么让别人感到舒适"转变为"如何让自己活得更舒适"。

让自己有品质、有尊严、愉快地生活，因为你是独一无二的，你值得被自己这么精心且认真地对待。

（3）将时间更多地用在自己身上。

远离只会消耗你的、占用你大量时间的人。人生很宝贵，每一秒逝去的时间都不可能重新来过。当你多花一秒钟看别人、观察别人、关注别人，就失去了对自己的关注、关心。

很多社交敏感者都不知道该如何独处，不能接受一个人的生活。当周围没有别人时，会没着没落、不知道做什么。另一些则属于既不愿意走入人群，一个人时又非常消沉，什么都不想做，缺乏动力，丧失斗志，只能疲惫僵硬地度日。

两种情况看上去截然相反，然而本质都是一样的，那就是没能彻底做到人格独立、意志独立、思想独立、经济独立。很多人甚至连经济独立也没能做到。

从小到大，父母、老师、社会教我们的大多是"在家靠父母，在校靠老师，出门靠朋友，工作靠领导，结婚靠伴侣，养老靠孩子"。

看，从你出生开始，直到死去，一直都在"靠"。社会从来就没教给过你怎么"独立站起来，一个人走"。因此我们必须学会独立，包括但不限于思想独立、人格独立、意志独立、经济独立。当学会独立，对外少些索取及幻想，对内加强修养及提升，才会更愿意在自己身上花时间。

① 把时间过多地花费在别人身上，源于"希望得到他的更多回报"。一旦对方无法满足你，就会产生失衡，涌现出各种负面情绪。

② 把时间过多地消耗在别人身上，是因为觉得自己无能为力，不相信依靠自己也能做好一切，所以费尽心机地去研究别人、奉献自己。别人满意了，就默认为自己也能行了。很多家庭主妇对配偶的"牺牲奉献"源于此。

③ 把时间过多地花费在他人身上，认为"为他人忙活＝自己可以获得情感满足"。实际上，能给我们情感满足的只有我们自己而已，其他任何人都对此无能为力。所以，我们要将时间多用在自己身上，不要天天围着别人转。想做到这一点，请从打破上述的六个"靠"开始。

（4）"我思故我在"。通过勤于思考和保持好奇心意识到自己是存在的。

① 听到他人的负面反馈，学会思考"真正的情况是什么"。

多方收集其他人在同一件事上对你的反馈（或通过网络社交平台去收集），看看不同人对此的反馈是否具有一致性。如果有，再思考是否需要改善自己。否则，给你负面反馈的那一方很可能是过分主观或持有偏见的。

注意：很多时候真理未必掌握在大多数人那里，不要纠结"最正确的做法是什么"，而应该考虑"以我目前的情况来看，最适合自己的做法是什么"。

最适合自己，即能让自己在短期、中期、长期尽最大可能扬长避短、趋利避害、快乐幸福的因素。如果你做出某个决策，处理某个事情，符合绝大多数人的普世价值观，但自己很郁闷、很不爽，甚至违背长期利益，这时就要考虑清楚：坚持自己的主张是否会对其他人的有边界权益或利益造成损害？如果没有，为什么不行？你最想要的是什么？如果这么做能让你达成目标，为什么不做？

遇到事情，多向自己提问，然后逐一思考问题的答案；如果找不到答案，就善用网络搜索或查阅书籍。你越是善于向自己提问，不断寻找答案，自我意识就会越强。

② 经常思考：我快乐吗？该如何做才能让自己感到快乐？

当你将关注点从对外的"我是不是让他不高兴了"转移到对内的"怎样才能让自己高兴"，这时你就会发现：没有任何事情比自己的愉悦感更重要。

好好对待自己，善待情绪，不要将快乐愉悦的感受寄托在其他人身上。每个人都可以自给自足，多发掘方法，多看看其他人是怎么做的。前文已经提及，自我意识薄弱往往是因为经常感到痛苦。如果感到快乐的时候越来越多，自我意识就能随之强大。

③看书、电影、报刊、杂志等，坚持写心得、感受，或自己创造作品。

这也是一个很好的思考过程，而且我们对生活、对事情、对人生的很多疑惑及答案都可以从中找到参考答案。此外，多关注感兴趣的艺术，也能起到非常好的疗愈作用。

④利用社交平台认真分享生活中的每一个愉快时刻，方便今后回翻。

回翻时，看到的都是美好的记录，会加深对快乐的印象，通过一直感受到快乐来达成快乐地存在着，而非像从前一般胆怯、纠结、不安、痛苦地存在着。

负面情绪会削弱存在感，使人自我厌恶。积极记录正面情绪才能增强存在感，使他人认可自己。这一步的核心就是意识到自己的存在，它通过善于思考来达成。

只要生活中有需要思考的地方，不要觉得"好烦啊，不想了"，而应该学会刨根问底，并简单地记录思考过程。这样一方面有助于弄明白当下发生了什么，另一方面能在未来做复盘、回顾的时候，回忆起当初经历的事、心路历程等。

思考越多，自我意识就越强，你对自己的关注度也就越高。

（5）树立平等的认知，不因任何因素（如学历、家境、长相、收入等）而妄自菲薄或认为他人比自己尊贵、优秀。

这一步的目的是放大自我的尊贵感。

①通过佩戴有档次的配饰或使用高品质物品来增强自信（适度即可）。

虽然很多时候，人们经常会说："穿戴名牌没什么用。"然而通过观察过往案例，我发现它还是有用的——至少从外在上能增强自信。当案例中的当事人适当穿戴名牌后，他们在人前的表现也会比之前更自然。

这一步适度即可，根据自己的收入情况量力而为。我们是为了提高自信而进行投资，并非为了攀比炫耀，所以请大家切勿陷入盲目的"消费主义"陷阱。

②通过学习、工作取得的结果或成效来增强自信。

这也很重要，我们可以每天晚上记录今天完成了什么，或做了哪些令自己感到开心的事情。定期回顾，从中获得价值肯定。

通过结果或成效确信：你的价值与身份地位无关。你并不比任何人低微，大家都是平等的，包括人格平等、尊严平等、需求感受平等。积极挖掘并认可自己的优秀、独到之处，认可自己的思想、思维、认知、格局，不纠结于过往的阴影或创伤。有些社交敏感者在孩童时期遭遇过阴影、创伤，成年后仍然对此耿耿于怀，甚至造成抑郁、失眠、长期恐惧。想要自我疗愈，平抚情绪，最关键的就是不纠结过往的不愉快。

我们应该把握当下，让每一个"此刻"都很快乐，这些"此刻"终究会成为"过去"。"现在"快乐的事越多，未来回想当年，"愉悦"的记忆才会越多，让更多"愉悦"的记忆替代曾经的不美好，利用这个方法完成自我疗愈。

（6）相信他人对你的赞美，相信他人会喜欢你、认可你。

很多社交敏感者都表示："哪怕被夸赞也会感到很不安，因为担心对方只是敷衍客套，实际上自己并没有对方说得那么好。"

不必过于担心，我们这一步要做的就是认真地接受他人的赞美、肯定，并自我肯定自己就是这么优秀。

显性意识的认知及自我暗示会逐渐改变潜意识，当我们在显性意识层面上不断加载"我是值得被人喜欢和赞美的"这样的意识时，日久天长，逐渐改变潜意识，才能从根本上做到被夸赞时不心虚，被认可后不抗拒。

因为，我们有自己独特的生活方式，懂得如何认真地对待自己、尊重自己；我们有能力让自己感到舒适、愉悦，有独立思考的能力，且越来越善于思考分析。这样的自己，值得他人喜欢。

从前，当别人对我们表达认可、夸奖时，我们可能会下意识地反问，而现在我们应该这样去回应："谢谢你的认可。"

通过上述步骤，我们将"潜意识里总是感觉到他人的存在"转变为"更多想到的是自己"，当对自己的关注度提升后，就无暇过度关注他人了。坚持下去，你会发现自己在人群中的存在感越来越强，气场也会相应提升。

3.5.2 一旦融入人海，自我意识就消散

独自一个人时，感受到自我意识相对容易，然而一旦走入茫茫人海，很多社交敏感者立刻就会恢复对外高度严密监控、戒备的老样子。这时应该怎么做才能

让自己哪怕身处人群也能保持高度的自我意识呢？

1. 对每一次社交都抱持目的性

你最希望通过该社交／圈子得到什么？如果目的不清楚，那么可以先按下"暂停键"，让自己仔细思考这个问题。想清楚了再决定，以免浪费时间在不可能有收获的人际关系上，避免因此产生消耗。

进入人群后，不断对内强调目的性，加深对它的认知，这有助于降低对外界的监控及戒备。

原来：走入人群中就浑身不自在，会觉得大家都在观察自己、注视自己，自己坐立不安，浑身别扭。

改善方式：你并没有自己想象的那么有存在感、关注度。绝大多数时候，大家其实并没有在看你，只是你自己这么觉得而已。人群中的其他人对你的印象也并没有那么深，哪怕你当众出糗、摔了一跤，大家也是该干什么就干什么。所以，不要将他人对自己的关注"扩大"，实际上他们更关心的是自己。

现在：（默念）"大家并没有那么在意我的细节、举止。我来这里的目的是……我希望通过……达成此目的。所以我不需要过分对外察觉，而应该关注自己的言行及自我展示方法，想办法达成结果。"

2. 走入人群之前，先对自己强调"我的喜恶及需求是什么？"

通过反复不断地强调你才能在人际交往中及时察觉"是我需要的，可以继续"或"这不是我要的，该打住了"。这能帮助我们快速做出符合自己本心的决策。

3. 走入人群前，先想明白在这个场合中"我的红线是什么？"

如果发生了怎样的事，或其他人做了怎样的反馈，你就要立刻抬腿走人，赶紧远离他们（或勇敢反抗，说出自己的真实感受）。

设置社交红线很重要，能帮敏感者有效地察觉"踩线行为"。一旦触碰"红线"，立刻触发警惕机制，而不是像从前一般因担心对方不高兴而逆来顺受。

推荐的"社交红线"包括但不限于以下情形。

- 当对方对你实施打压贬损、嘲讽嘲笑时。
- 当对方开玩笑令自己感到不舒适时。
- 当对方打探自己隐私时。
- 当对方强行说教、指手画脚时。

- 当对方企图代替自己做比较重要的决策时。
- 当对方就莫须有的事情对你苛责质疑时。
- 完全感受不到尊重、平等时。

社交最重要的目的就是通过社会互动得到更多自尊自信，充分发掘彼此价值，并进行交换，如果某项社交不但对上述无益，反而还经常有损耗，那么这类社交尽量要避免，或适度保持距离。

4. 改变思维方式，将"为何这么丧？"转变为"今天又取得了哪些进步？"

× 经常在临睡前纠结今天说错了什么、做错了什么。场景一遍遍地回放，非常崩溃，甚至会忍不住大哭出来。

√ 每晚复盘，总结今天从人际社交学到了什么，哪里做得令自己满意，对比之前有哪些进步，做得不好是因为什么，今后如何避免等。

× 遇见消耗的人，总是纠结、委屈，既愤怒又畏惧。

√ 把对方当作免费老师，仔细记录他的手段、套路，他是如何让你感到压迫、不舒服的，是如何企图对你进行控制的。记录后当作素材，一方面在今后社交中，遇见类似的人时，逐渐总结应对策略；另一方面如果你热爱写作，这些人物都可以成为故事中的角色原型，丰富故事素材。

× 不知道说什么，不想说了。

√ 看看别人说什么、怎么说的。

× 怕说错话，索性沉默吧。

√ 自己想说什么？希望通过什么方法去表达？

× "我可以为你做……可以为你付出……"

√ "我的需求是……我希望能得到……同时我能提供的交换价值是……"

× 总是认为别人很厉害、很优秀，而自己一无是处。

√ 发掘自己的独特之处、闪光之处，通过这些提高自我认同度。

× "某某人缘好，我不可能做到的。"

√ "某某是怎么做到人缘好的？我该如何向他学习？"

× 抗拒社交，无从下手。

√ 今天的这些场景中，自己应该通过怎样的方式才能跟遇见的人能至少聊几句，从而锻炼社交能力？

× "他凭什么？他有什么了不起？他这个人不怎么样！"

√ "他是怎么做到这一步的？是否有值得自己思考借鉴之处？他的方法、套路是什么？能否拿来借鉴参考，自己得到提升？"

3.5.3 精准表达非常重要

提高自我意识的另一个重要技能是精准地表达自己的需求、感受。精准非常关键且重要。

社交敏感者的一大痛点、难点就是，每当涉及对自我的表述时，都含糊其词，顾左右而言他，既难以精确表达，也无法简明扼要。这就会导致很多人听到一半就走神了，甚至直接打断谈话，岔开话题。

想改善此问题，必须先从锻炼表达能力开始做起。

1. 通过练习写作锻炼非形式逻辑思维能力

如果你不喜欢写长篇大论，那么可以从短文、诗词、散文开始尝试。或者在阅读或欣赏之后，尝试写读后感、观后感、书评或影评。

• 某个人或某件事给你带来的（需求／感受）是什么？

• 为什么（会有这样的需求／感受）？

•（你希望）怎么样去做（才能达成需求／改善感受）？

如果你希望能将上述内容通过交流、对话非常清晰明白地说出来，那么从写开始进行是最基础也是最关键的方法。比如，我们看完《肖申克的救赎》之后，可以写一个简短的影评，围绕上述三大核心项进行。

"电影带给我的感受是：人要勇于挑战体制，敢于追求自由。自由是天性，是天赋人权。每个人都热爱自由，更需要自由。我作为个体之一，也是如此。今后，我希望通过尝试更多途径、方法，长年累月地坚持等，让自己获得更多的自由。"

对于社交敏感者来说，一上来就让他们当众表达自己的需求、感受，是非常难的。它相当于让自己在人群中出糗，好像被扒光衣服赤身裸体一样难堪，光想想就让人完全受不了。但如果通过写作去表达，通过陌生的社交平台去匿名分享，效果就会好很多，难度也会降低。

我们的书面表达不能想起什么写什么。每次写作必须只能有一个重点，接下来都是围绕该重点去进行描述。

笔头的表达在精不在多，初期尽可能用最精简的语句写下你最想表达的内容。切勿长篇大论、赘述一大堆前情提要，这毫无必要，反而会降低我们表达的精准度。

大家读文章时经常有这样的感受："这句话写得真好！把我心中千言万语都汇总成一句话了！好贴切！好精准！就是这么回事！"作者是怎么做到的？很简单，十年如一日地坚持练习。如果我们坚持下去，也能得到同样的效果。

所谓精准表达自己的需求及感受，最终目的就是用最简练的言语将你的要求精确告知对方。我们先把这一步做好，当能够越来越精准地表达自己的需求、感受且能流利地进行较长篇幅的写作时，再进行下一步。

2. 通过写演讲稿锻炼划重点、说核心的能力

社交敏感者的口才通常都是弱项，这源于他们始终不敢开口，时日久了，语言功能发生退化。写演讲稿让我们先从书面表达开始做起，逐渐恢复语言能力。要诀有三点。

- 给自己的每次演讲都定个主题，最好是每篇稿子能够表达一项需求或感受。
- 思考别人为何要听你说下去，这些跟他们有什么关系。
- 深入思考重点和核心事项，通常不超过三项。

一是如何在开头处吸引大家注意力。

二是如何在结尾引起大家共鸣。

三是练习写"演讲稿"之后，会是什么效果。

示例如下。

"某某，你知道为什么你总是喜欢深夜外出吗？我用一分钟时间做个分析，你看看说得对不对。

第一，内心深处有不确定感，就像我也经常萌生不确定感一样。

第二，你不知道该如何独处。这一点也和我相同，大家都是不太会独处的人。

第三，你希望从人群中获得关注认可，本质上是希望周围人多关心你。这一点咱俩又很一致，我也是这么希望的。

所以你看，既然我们需求一致，为什么要舍近求远呢？大家彼此互相给予，互相关心，多给对方安全感和愉悦感，这样不是更好吗？

当你尝试这么做之后，我相信咱们之间能达成共识，情感愉悦和心理满足会成倍增加，一起试试看吧？"

练习之后，通过演讲的模式将自我需求进行表达，你会发现这种方式更容易吸引对方注意，让他认真听下去，同时也更容易引起他的共鸣。

具体来讲，有五个技巧。

（1）强调一致性。包括但不限于需求、感受、利益、立场、目标等。

（2）强调共同体。现在我们是一体的，我的问题就是你的问题，满足了我的需求会让你得到更多好处。

（3）直击对方的痛点、难点。将对方的痛点、难点与你的需求、感受挂钩，获得情感共鸣。

（4）以"疑问句"作为第一句。效果会更好，它可以吸引对方带着疑惑听下去，而不是粗暴地打断你。

（5）结束的时候以"制造美好愿景或解决棘手问题的紧迫性"收场。它能增强对方的内驱力，促使对方有动力按照你所希望的去执行。

3. 通过模拟演讲锻炼口头表达能力

如果一切停留在笔头，那么写得再好也没用。社交敏感者最大的难点并不在于写，而在于说。写好演讲稿并大体记住后，我们可以对着摄像机，把它当作其他人将演讲稿大声地表达出来。之后看回放，看看自己有哪些细节做得不够好，怎么做才能改善，坚持练习下去，想象一下摄像机就是其他人。当你能面对摄像机收放自如、非常流畅地表达自己的需求或感受之后，再在其他人面前如法炮制，也就不再是难题。

4. 通过积极参与社交增加实战经验

上述都达成后，我们不能光练不用，而是要将表达能力用在社交人脉中。唯有完成这件事，前面的练习才有意义。

写好演讲稿并记住它只适合初期阶段。当社交敏感者逐渐使用此项技能且长年累月地坚持，渐渐地就会发现，自己不需要写稿子了，当想要表达需求时，大脑会自动地架构逻辑，关联对方的需求及关注项，在很短的时间内发给你指示这项需求要怎么表达才能被对方关注、认同，并尽可能达成你的需要。

各位可以认真观察一下周围做管理的人，他们向下属或乙方提出要求时，并不是每次都要写篇演讲稿。然而他们的语言往往具有魔力，让你无法拒绝，无法抵抗。

若想做到这一步，就要按照上述步骤方法循序渐进。我们可以先从周围的亲戚、朋友开始练起，并让他们多给自己提意见或建议。然后按照亲疏关系，一步步地向外扩张进行，直到能将其熟练运用到任何场合。

精准表达自我的需求非常重要，它能让对方在第一时间就知晓你到底要什么。这是增强自我意识非常重要的一步，也是自我营销必不可少的技能。

小　结

建立自我意识是自我疗愈的重要步骤。

它通过五感六觉切入，利用六个步骤增强自我意识。其中最重要的就是放大愉悦感，不放过任何思考、总结的机会。当完成上述步骤，走入人群后也应将自我意识放在首位，并不断强调。

最后，学会精准地表达自己的需求能让你在人群中更出众，增强存在感，同时，需求也会更容易被满足。

第 4 章

CHAPTER 4

缓解职场社交压力

　　孩童时期，社交敏感者惧怕或排斥父母、老师，成年后就会排斥一切"家长式人格者"。他们面对权威的安排及命令，不敢反抗，只能被动接受。

　　他们不仅经常背黑锅，还很容易被抢功，这时单纯聊克服负面情绪跟没说一样；唯有知道对方的套路，多实践，多练习，才能从本质上避免对自己不自信，彻底改善负面情绪问题。

4.1

如何在权威下保持冷静?

在职场中,领导经常被默认为是"权威"的代名词。它不仅仅代表地位,更意味着完全的掌控权、主导权、话语权、决策权。权力总能让人畏惧,尤其对于社交敏感者而言更是如此。该怎样正确认知"权威"? 如何与领导正常相处? 怎么改变自己的心态,让自己不再畏惧权威及其压迫,敢于表达真实的自我需求?

4.1.1 为什么你会如此惧怕上级?

前几天,朋友小朱跟我说了一件令她很苦恼的事情:她们部门最近整体工作进展比较慢,主要源于某些岗位的人员流动率较高,频繁换人的过程中,大量工作无人接手,上级又不及时安排。

但公司领导们不管这些,他们看到的最终结果就是小朱所在部门成效差。于是给小朱的上级施压,要求该部门必须强制加班。小朱很郁闷,跑来跟我吐槽:"多年不涨工资也就算了,现在还不断加班! 我真想辞职啊,该怎么办? "

我问她:"你跟上级沟通过吗? "

小朱满脸莫名:"沟通什么? "

我说:"既然觉得强制加班不合理,那么应该跟上级商量应对策略啊? "

小朱翻了个白眼:"说了有用吗? 况且我们上级是那种听不进别人建议的人。

他说什么，我们就必须立刻去做。我不想跟他沟通，还是先找工作吧。"

我问："也就是说，其实你从没尝试过跟他用平和的方式沟通，对吧？"

小朱想了想，点点头："是啊，没沟通过。我觉得说了也没用。"

一切都是她自己觉得，自己认为，自己脑补。实际上从始至终，她都没尝试过跟上级交流。她的潜意识里是不想靠近权威的，甚至看到领导就想办法绕路躲着走。

社交敏感者在职场上极易感到"权威恐惧"，他们不爱跟管理层打交道，看见了就远远绕路。最严重的敏感者，宁可跑来问我一个非公司人士该怎么转正，也不愿意去问问自己的上级："我希望尽快转正，能否请您给我一些指点帮助？"转正这个事最终还是任职企业的人力资源及直属上司说了算，别人说再多，万一不符合公司领导的要求，也是白费。与其问别人，不如直接去问领导。

但是，为什么不呢？因为害怕。问题来了：社交敏感者为何会如此惧怕权威？

在本书第 1 章中，我们重点分享了敏感者的原生家庭相关内容，其中提及，绝大多数社交敏感者的成长环境都或多或少有问题。他们要么被父母或老师长期贬损、打压、否定、质疑，甚至殴打，要么被冷漠对待。

这些都会导致他们从内心深处就对父母或老师这类"家长式"人物产生本能的惧怕或排斥，根本不愿意靠近。小时候如此，长大后，在原生家庭没能解决的问题，就会体现在社交、职场、恋爱等方方面面。

孩童时期，社交敏感者惧怕或排斥父母、老师。因为对那时候的他们而言，后者拥有至高无上的权力，甚至对自己拥有生杀大权。

成年后，社交敏感者就会排斥一切"家长式人格者"。在社交中，他们会对一切有身份地位或在某领域比较成功的人，本能地绕路。在职场中，他们会对一切管理层避而远之，在他们看来，有地位，就有话语权，意味着有权力，这总能让其联想到小时候的父母、老师。因为对"家长"这个群体有本能的恐惧、排斥或厌恶，所以成年后只要看到这类人，立刻想逃。

惧怕权威，反感权威，排斥权威，只要被权威稍微施压，立刻毫不犹豫地妥协或逃跑，这是绝大多数社交敏感者的特质之一。

当然，还有极个别敏感者遇到自认为是权威的人，就会下意识地去怼，实施攻击，这类并不是普遍案例，我们在接下来的内容中不做重点分享。

4.1.2 上级的那些套路

如果社交敏感者不想再被权威者牵着鼻子走，不想被强制予以各种违背意愿的安排，就必须从两个维度入手去做：管理好自己的情绪，改善惧怕、排斥或厌恶感；做好沟通交流，利用"沟通"解决问题，而不是过分脑补。

首先来聊聊如何管理好自己的情绪，改善对权威者的惧怕感。

1. 弄明白管理者的常见套路

企业管理者在对下属实施管理时，最常见的做法是直接下达指令。其中很多管理层会跟员工谈心、聊天，听听想法或看法，在必要的时候，会对下属提出质问、反问，表现得不耐烦，甚至批评、指责、发怒。还有一些管理者会经常性地不断否定下属，对员工实施贬损打压。

这么做的目的是什么呢？

直接下达指令无须多说，往往是希望你去达成他想要的结果。但这个方法不能达到理想的效果：员工的做法不能令他们满意，工作成果也跟所要求的有一定差距。这时他们就会采取其他方法，如对员工进行施压。施压是为了制造恐惧、焦虑、紧张的情绪，从而对员工进行精神控制。见表4-1。

表4-1 管理者常见的行为、目的与目标

序号	管理者常见的行为	目　的	目　标
1	直接下达指令	达成工作目标	让员工按领导的意愿行事，以满足其目的或目标
2	跟员工谈心、聊天	了解员工思想动态、需求、想法	
3	质问、反问	施压→ 制造恐惧、焦虑、紧张情绪→ 对员工进行精神影响或控制	
4	不耐烦、冷漠回应	注意：这里的"精神影响或控制"是中性词,某些时候它会得到正面结果,另一些时候则恰恰相反	
5	批评、责骂		
6	发火、大吼大叫		
7	贬损打压、否定踩低		

其中，管理者对员工施加的正面精神影响包括但不限于以下五种。

- 鼓励、赞赏、认可，引导式提问，深入发掘员工的优势、亮点、长项。
- 愿意倾听，希望员工说出自己的看法或建议。
- 通过提出问题来引发员工深入思考。
- 在员工遭遇困难时及时提供帮助、指导，但整体上鼓励其独立解决问题。
- 给予足够的信任，重视潜力的开发，展现领导魅力的影响等。

表 4-1 中第 3~7 条的行为，则往往会对员工造成负面的精神影响。

注意：不是所有正面的精神影响都能达成正面的工作结果，也不是所有负面的精神影响都会产生负面的工作结果。很多时候，管理者使用了正向精神影响的方法，但部门成效并不理想。这时他们就会倾向于使用负面精神影响的方法，让部门的成效尽快达到理想指标。

2. 弄明白管理者套路背后的"潜台词"

绝大多数时候，你的上级无论对你进行正面的精神影响还是负面的精神施压或控制，他都不一定是针对你这个人，而很可能是从全局或整体部门利益的角度考虑的。

你并没有自己想得那么糟糕，上级也并没有你想得那么可怕。他可能会表现得不耐烦，暴躁易怒，对你充满否定或质疑，但这并不能代表什么，往往只是因为领导认为你没能达成他的要求。

不是所有管理者都是专业的，其中很多连管理好自己的情绪都做不到；另一些虽然能做到，但不愿意做——他们希望通过负面情绪的发泄让员工时刻感受到压力，以方便自己对下属实施精神控制。

管理者中绝大多数会随着任职年限的增加而逐渐变得痴迷于权力。为了彰显自己的权力，他们可能会倾向于对员工实施精神控制，以满足自己的"权力欲"。

上级最大的诉求往往有以下四项：验证自己的权力、地位、声望、主导感；验证自己"棒棒哒"，非常英明神武，智慧机灵；验证自己的"被需求感"；达成团队目标，让自己继续升职加薪。

权威型人物的弱点往往是害怕权力的丧失及下属的跳槽。

权威型人物在非工作场合，也只是普通人而已。企业平台给了他们这样的头衔、职务，赋予其这样那样的权力。所以，管理者本身并不具有任何权力，他们的权力是"被授权"的。

3. 看清套路 + 弄懂潜台词 = 不再惧怕

表 4-2   社交敏感者对"权威者"的三种态度及真实原因

对"权威者"的三种态度	真 实 原 因
恐惧	不知道什么情况、套路、目的、真实意图，瞎子过马路，眼前一抹黑
排斥	孩童时期有类似的不愉快经历，经常被迫违背自我意志，利益立场、观点态度等不一致
厌恶	利益立场、观点态度等完全对立

通过表 4-2 可以看出，影响社交敏感者的主观情绪及态度的要素有以下四项。

• 是否了解权威者的方法、套路？

• 是否分析了事物的原理、问题的原因？

• 是否清楚权威者的真实需求、要求？

• 是否弄明白权威者的真实目的、真实意图？

接下来，我们要做的事情就有了大体思路。

• 如果是因为未知而感到恐惧的，想办法让自己从不知道到知道。

• 如果是因为违背自我意志而排斥的事情，想办法通过沟通或交流明确自己的需求感受，尝试着去改善和解决问题。

• 如果是因为利益立场、观点态度完全对立而感到厌恶的事情，仔细分析，看看是否还有机会达成一致。

上述问题要从影响社交敏感者主观情绪及态度的四大要素着手进行分析。如图 4-1 所示。

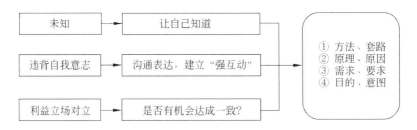

图 4-1   影响社交敏感者的主观情绪及态度的四大要素

当社交敏感者清楚了该如何让自己从不知道变为知道，包括但不限于知道管理者常见的方法、套路，这么做的原理、原因，他们的真实需求、要求以及真实目的、意图，社交敏感者就可以通过这样的方法和步骤有效改善迫于权威压迫或被动接受的现状。接下来我们重点分享该如何与权威人物沟通、互动。

4.1.3 如何跟上级重建有效沟通?

跟上级沟通，我们必须要掌握两个核心关键：一是真实需求，二是怎么达成需求。其中，"真实需求"又包括但不限于公司的真实需求、团队的真实需求、管理者的真实需求、客户的真实需求和自己的真实需求。

想跟上级实现良好的沟通和互动，每一句话都必须紧密围绕"需求"去进行。

第一步，写下自己的需求。

第二步，分析如果满足自己的需求，能给团队及业绩带来什么好处。

第三步，分析团队和业绩好了，能为上级带来什么。

在跟上级进行口头沟通时，从第三步倒推往前说。沟通的最后，对自己的需求简略提及。见表4-3。

表 4-3 跟上级进行口头沟通时分析与表达的步骤

行　为	步　骤				
分析	1. 自己的需求	2. 团队的需求及利好	3. 业绩的利好	4. 上级能有什么好处	5. 其他利好
表达	4. 上级能有什么好处	3. 业绩的利好	2. 团队的需求及利好	5. 其他利好	1. 自己的需求

【案例1】上级给我们安排一些不喜欢的工作，这时难道只能抱怨或逆来顺受吗？我们可以通过上述步骤去跟上级沟通。首先，克服恐惧、发怵心理。然后，认真分析有无可能通过跟上级沟通去解决问题。见表4-4。

表 4-4   与上级沟通时分析与表达的步骤

行　为	步　骤				
分析	1. 自己的需求	2. 团队的需求及利好	3. 业绩的利好	4. 上级能有什么好处	5. 其他利好
	从事自己喜欢并擅长的工作	增强内驱力，发挥优势，能提高工作效率和质量，更好地帮助团队达成目标	加快业绩完成	每个部门员工都能发挥所长，团队成效自然能提高	提高全员的积极主动性
表达	4. 上级能有什么好处	3. 业绩的利好	2. 团队的需求及利好	5. 其他利好	1. 自己的需求
	每个部门员工都能发挥所长，团队成效自然能提高	加快业绩完成	增强内驱力，发挥优势，能提高工作效率和质量，更好地帮助团队达成目标	提高全员的积极主动性	从事自己喜欢并擅长的工作

根据表 4-4，我们写出一篇与上级沟通的"演讲稿"。

"领导，您好。我想就如何更好地提高团队业绩说说自己的想法，如有不妥，请您多多指教。

一直以来您都很看重团队成效，也看重整体的工作质量。为了保证咱们能加快完成业绩，我认为可以从提高员工内驱力入手。

在您的领导下，把每个人的优势都发挥出来，利用优势去做擅长的工作，能有效地提高工作效率和质量，帮助咱们团队更好地达成目标，还能提高员工的积极主动性。

就拿我自己来说，最喜欢及擅长的工作是×××，如果今后能更多地接触这方面工作，结果可能会更好（如能配合数据，则更有说服力）。之前我在这方面的业绩都挺不错的，接下来想进一步接受挑战并有所突破，通过多接触、多深入了解来达成。希望您能给我更多的机会，可以吗？"

如果你对自己这方面工作有足够的信心，还可以加上"愿景展望"这一项，提高领导对你工作的期许，以便达成自己的真实需求。多从事喜欢擅长的工作，少接触或不接触不喜欢、不擅长的。

以上属于"正向沟通法"，沟通过程中只强调正面的、积极的一面，适合有一定工作经验且对自己所在的某些工作领域比较自信的人。

如果你是刚毕业的新人，或以往对自己的工作没什么信心，我们可采用反向沟通法，它比正向沟通法多出一个项，即如果没能达成目标或满足需求，会带来什么损失。见表4-5。

表 4-5　反向沟通法分析与表达的步骤

行　为	步　骤				
分析	1. 自己的需求	2. 团队的需求及利好	3. 业绩的利好	4. 上级能有什么好处	5. 其他利好
	从事自己喜欢并擅长的工作	增强内驱力，发挥优势，能提高工作效率和质量，更好地帮助团队达成目标	加快业绩完成	每个部门员工都能发挥所长，团队成效自然能提高	提高全员的积极主动性
	达不到：降低工作效率、质量	无法发挥优势，难以为团队提供帮助	降低业绩完成率	影响上级成效	打击员工的积极性及自信
表达	4. 上级能有什么好处	3. 业绩的利好	2. 团队的需求及利好	5. 其他利好	1. 自己的需求
	每个部门员工都能发挥所长，团队成效自然能提高	加快业绩完成	增强内驱力，发挥优势，能提高工作效率和质量，更好地帮助团队达成目标	提高全员的积极主动性	从事自己喜欢并擅长的工作
	影响上级成效	降低业绩完成率	无法发挥优势，难以为团队提供帮助	打击员工的积极性及自信	降低工作效率、质量

将表4-5的内容进行整理后，我们可以写出一篇与上级沟通的"演讲稿"。

"领导，您好。我想就如何避免降低部门业绩说说自己的想法，如有不妥，请您多多指教。

一直以来您都很看重团队成效，也看重整体的工作质量。为了避免业绩完成率下降，可以从提高员工内驱力这一步入手。在您的领导下，让员工能避开（或少接触）自己不擅长的工作，否则很容易拉低咱们团队的效率，难以为部门工作提供有力的协助或支持。

此外，员工也很容易因为不喜欢或不擅长导致做不好或做得慢，从而打击积极性及自信。

就拿我自己来说，目前最不擅长的工作是×××，而在其他工作上的表现及业绩都挺不错的，比如×××。所以接下来想多接触自己擅长的，您看这样可以吗？"

将上述"演讲稿"多读、多练、多演示，有条件的也可以去问问周围朋友、前辈的意见或建议，自己觉得没有问题了，再去尝试私下跟领导去沟通。

【案例2】领导让小南去做考核的监督、检查工作。

首先，小南要克服恐惧、发怵的心理，然后认真分析有无可能通过跟上级沟通去解决。见表4-6。

表4-6　跟上级沟通时分析与表达的步骤

行　为	步　骤				
分析	1. 自己的需求	2. 团队的需求及利好	3. 业绩的利好	4. 上级能有什么好处	5. 其他利好
	尽量避免得罪同事，搞好人际关系	按要求完成团队的任务目标	不直接对业绩产生影响	未知	无
表达	4. 上级能有什么好处	3. 业绩的利好	2. 团队的需求及利好	5. 其他利好	1. 自己的需求
	未知	不直接对业绩产生影响	按要求完成团队的任务目标	无	尽量避免得罪同事，搞好人际关系

这其中只有自己的需求是明确的，其他要么没有，要么想不到，要么没什么

说服力。此时需要了解上级及部门真正的需求、痛点、难点是什么。

- 回翻以往会议纪要，看上级经常拿出来反复强调的事情有哪些。
- 回翻以往上级下达的工作指令及安排，看看哪些是他最为关注的。
- 了解上级本人的工作近况，看他是否遭受了你所不知道的压力或困境。

通过上述得知，以往上级非常看重培训工作，而且一再强调部门员工的纪律性。有几次他在会议中明确表示：早来晚走都必须打卡，工作时间不能闲聊或浏览无关页面，诸如此类。

根据这类问题在往期会议纪要中重复出现的频率，可以得知大家并没将上级的话听进去，上级规定的执行情况不理想。

同时，上级最近似乎被另一个部门的负责人挤兑，说他的部门员工散漫、无纪律，上班居然还玩纸牌，并借此在大领导面前告了上级一状。

弄明白这些后，我们就能知道，上级为何要出台这么严苛的考核制度并让小南去监督实施了。如果再不做些什么，自己的位子恐怕就坐不住了。

如果小南想让自己不得罪同事，搞好人际关系，就必须用其他方法解决上级的问题。上级的问题解决了，小南的问题自然也就解决了。

很多人可能对此感到毫无头绪，无从下手，那么我们回到问题的起点：很多员工不打卡，上班时间闲聊，浏览与工作无关的网页，甚至打游戏。

除了管理不严格、监督不到位，还有没有其他原因？我们必须找出其他原因，否则此事将不得不重新回到必须依靠加强监督、检查才能解决的怪圈中去。

通过观察，小南发现，员工之所以不打卡，主要是因为人力资源的考勤登记一直都马马虎虎，每到月末，除非有请假单，否则一律给大家写"全勤"。而之所以上班时间不怎么工作，则是因为对领导的工作安排置若罔闻。

为何会这样呢？

其一，领导每次下达工作任务时，都交给大家共同完成，又不明确各自的分工。

其二，下达任务的时候，从不强调时间节点，于是在员工眼中，就成为"可以无限期拖延"的工作了。

其三，员工没有如期完成，领导缺乏下一步指示，总是不了了之。久而久之，部门里没什么人工作，大家每天凑在一起，组团"摸鱼"。

知道上述情况后，我们将表格重新完善一下，见表 4-7。

表 4-7   跟上级沟通时分析和表达的改善步骤

行　为	步骤				
分析	1. 自己的需求	2. 团队的需求及利好	3. 业绩的利好	4. 上级能有什么好处	5. 其他利好
	尽量避免得罪同事，搞好人际关系	提高团队整体的工作效率及质量，避免出现组团"摸鱼"现象	不直接对业绩产生影响	工作布置有着落，能按时保质地完成，避免被大领导施压	提高上级的权威性及主导地位
表达	4. 上级能有什么好处	3. 业绩的利好	2. 团队的需求及利好	5. 其他利好	1. 自己的需求
	工作布置有着落，能按时保质地完成，避免被大领导施压	暂无	提高团队整体的工作效率及质量，避免出现组团"摸鱼"现象	提高上级的权威性及主导地位	尽量避免得罪同事，搞好人际关系

根据第二次修改的表格，写一篇与上级沟通的"演讲稿"。

"领导，目前咱们部门布置下去的工作很难有着落，您这边的压力也挺大的，我想说说自己的看法。如有不妥，请您多多指教。

如果我们想提高团队整体的工作效率及质量，就要避免大家出现组团低效的情况。关于此，我想到以下三点。

您每次给大家布置工作时，是否可以由专人负责，明确责任，出了问题只找相关责任人？

布置工作时，是否可以强调一下最迟完成的时间节点，以引起大家对完成期限的关注？

此外，您目前的考核倾向于过程责任制，这样执行会让您在整个过程中增加压力，增大工作量。可否尝试一下'结果责任制'？由单独的一人全权负责，本岗的工作由岗位任职者负责，每周以及每个月只看工作完成情况。不能按时完成的，通过加强培训或稍加惩处等方式来进行纠正。这样做还能提高您的权威性及主导地位。

您看这样可行吗？"

以上文稿中，既涉及了"方法论"，又隐藏了自己的"真实意图"。

当社交敏感者通过上面的方式去跟管理者沟通，就能大大避免被迫接受不喜欢、不愿意做的事情的情况。但此案例不适用于反向沟通法。

小　结

我们通过案例及分析分享了社交敏感者在职场中最常见的一个问题：面对权威的安排及命令，不敢反抗，只能被动接受。这会造成内心抵触、反感甚至备感压力，还可能对本职工作产生厌恶感。

想要改善上述情况，就必须从需求入手：了解管理者的真实需求，分析如何达成此需求，弄明白如何通过满足上级需求来达成自己的需求（或解决自己的问题）。这些都必须通过克服恐惧、排斥、厌恶情绪以及建立良性沟通互动去达成。其中，沟通包括正向沟通和反向沟通，还会用到方法论及谈判技巧。必要的时候，我们要学会隐藏自己的真实意图，不要什么事都直言不讳。

如果跟上级沟通后，遭遇贬损打压、批判责骂，这时我们可以看看他使用的方法、套路以及目的是什么。如果是想通过此给你施压，说明你的沟通没能戳中他的痛点、难点，或没能掌握他最真实的需求。这时我们要继续克服负面情绪，将注意力放在如何进一步努力以解决这个问题上。

注意：社交敏感者最大的问题之一是自我意识太薄弱，所以前面几章的内容都是在强调如何增强自我意识。当做到这一步之后，在本章就需要重点关注自己的需求和感受。此时不要轻易妥协、退让、顺从，千万不要！否则前面的练习都将前功尽弃！我们应该专注于自己的目标，力求用所有能想到的方法满足自我需求，避免不喜欢、不想做的，尽量做自己喜欢的、擅长的工作。

所以，哪怕跟上级沟通后得到负面结果，也没关系，最重要的是克服负面情绪后继续尝试。在沟通过程中，要注意自己的语气、态度。语气要谦逊、亲切；态度要诚恳、尊重；用词要客气，多使用"咱们"；以学习、请教的姿态进行互动，而不是"我说说自己的看法"，否则会让管理者认为你是一个傲慢且目中无人的员工。

4.2

几招教你避免背黑锅

职场中，背黑锅似乎是每一个人的必经历程，其中社交敏感者更是首当其冲。一方面，他们不敢说，不敢反驳质疑；另一方面，习惯了逆来顺受，又对外界反馈高度敏感。

由于原生家庭及成长环境原因，社交敏感者习惯了遇到事情先自责，发生问题先认错。这就导致其中绝大多数人混职场好多年，仍然只能当一个"命定背锅侠"。

4.2.1 一不小心，你就背黑锅了

最近公司要搬家，同事李姐由于工位上比较乱，办公室又被杂物占了，于是让小孟帮忙保存一份合同。小孟平时跟李姐关系挺好，没多想，接过合同就放柜子里了。

搬家前一天，李姐跟小孟要回了这份合同。

后来公司用了两周左右的时间陆续搬家，大家到了新的环境，各自忙着收拾办公用品、文件资料。

两周后，忽然有一天，李姐来找小孟，说："我来拿上次给你的那份合同。"

小孟说："搬家前一天你不是拿走了吗？"

李姐露出诧异的表情："我什么时候拿走的？没有啊！你是不是忘了放在哪

里？再找找看！那份合同很重要，千万不要弄丢了！"

小孟明明记得很清楚，对方是搬家前一天找她拿的。那天因为太乱了，她还特意叮嘱李姐小心放好，别弄丢了。怎么一转头，李姐完全忘了这件事了？小孟想坚持，但又觉得万一是自己记错了呢？于是她重新打开柜子，又翻抽屉，找了好一会儿，根本找不到。

小孟只好重复道："我真的记得搬家前一天你拿走了。"

李姐当下就不高兴了，沉着脸大声说："你弄丢就弄丢了，怎么还不承认，怪到我头上？你知道那份合同多重要吗？！"说完，也不等小孟解释，李姐非常生气地转身就走了。小孟杵在原地，不知道该说什么好。

当天下午她被大领导叫去谈话，大意是工作中要细心缜密，不要马马虎虎、丢三落四。这次正好赶上公司搬家，可能是太忙了有疏漏，但是下不为例。

小孟一方面觉得特别委屈，另一方面又觉得可能是自己真的记错了。她陷入了纠结、焦虑之中，好几天因此而失眠，最后还是决定请李姐吃顿饭，承认自己的错误。当然，李姐并没有接受邀约，而是很冷漠地冲她翻了个白眼，说："吃饭就算了，你以后注意点！"

小孟觉得这次是彻底把李姐得罪了，更加郁闷，跑来向我求助，问："到底该怎么办呢？李姐平时经常提点我，这次好像把她彻底得罪了，一直到现在她都不搭理我……这件事，领导对我的印象也很不好，因为这的确造成了很多麻烦。据说后来是李姐带着她上级亲自去跟客户解释，好说歹说才让人家重新又签了一份合同……"

我问她："你能否回忆起，当时李姐找你要回合同的细节？比如当时是几点，周围其他人在做什么，你从哪个柜子里拿出的合同，交给她时她说了什么。"

小孟回："当时是中午，公司很乱，大家又忙着吃饭。我记得很清楚是从蓝色文件夹里把合同拿出来的。跟李姐说小心别弄丢了之后，李姐还问我要不要一起吃饭。"

我说："如果能回忆起比较清楚的细节，说明你的确把合同给她了，但不知道为什么，她弄丢后却反过来把责任推在你身上。"

小孟不可置信："不会吧，李姐不是这种人。"

"我倒是觉得这种可能性很大。合同既然很重要，如果她自己弄丢的，怎么跟上级解释？但如果假装没拿到过，直接过来找你要，把黑锅扣在你身上，结果就不一样了。"

小孟越想越觉得的确如此，顿时又委屈又生气："怎么能这样！平时关系挺好的，一到关键的事情上，就想着保全自己，往别人身上扣黑锅。我还总觉得是自己的问题呢，太过分了！"

再举一个例子，小香在公司负责客服部工作，主要是协助销售部做好客户后期相关服务。有一天，销售部的老王找到小香，问她："客户周总要求退款的事情，你们客服要跟进啊！"

小香莫名其妙，问："为什么要求退款？"

老王避左右而言他："你们客服工作效率太低，他都打电话投诉到领导那里去了！"

小香之前好像听部门人员说过，有个客户一直要求退款，她正要了解事情始末，老王就找来了。但在没弄清楚真实情况之前，她也没法说什么，于是跟老王表示，自己会尽快跟进情况，然后再跟他对接。

花了半天时间，她终于弄明白事情的来龙去脉：原来是老王当时为了出单做业绩，明明不可能做到的优惠、福利及政策，也都一股脑地口头承诺给客户周总，信誓旦旦地表示"只要签单，一定会有这些利好"。

周总为了这些利好才签单，结果单子签了，钱也给了，利好却被告知是没有的，永远都不可能有，因为公司就没有这样的规定及先例。周总一下子急了，打电话到客服部，要求他们退全款，并要去投诉。

了解真相后，小香很郁闷：这明明是老王的责任！怎么现在出了问题，反而推到客服部了？这个事客服怎么可能解决？是老王违反规定，跟客户虚假承诺造成的呀！

于是小香打算去跟大领导说明情况，结果老王又来了。

这次他风风火火，着急忙慌，一个劲地跟小香说："你怎么还没处理好？再不处理，人家就要投诉了！你要安抚对方啊！你们客服干吗的？光领工资不干活。出了这么大的事情，连个反馈都没有！人家客户现在闹起来了，你们得想想办法！"

小香很生气，回："我能想到的方法就是退全款。"

老王一听不乐意了，他的提成都没拿到，怎么能退款？于是跟小香狡辩："如果客户闹一闹就退款，以后我们销售怎么做？"一生气，转头找大领导告状去了。

告状的时候，老王闭口不提自己的问题，把所有责任都推到小香及其负责的客服部身上，各种喊冤诉苦，扬言如果客服部一直这么对待工作，他们销售就没法做事了。

大领导听了很不高兴，把小香叫去"谈心"，语重心长地表示，客服部就是要处理各种问题，包括但不限于销售的各类遗留问题。一方面要给客户做好解释、解答工作；另一方面要有技巧，有方法，有套路，不能太死板。说了好多，大领导最后才表示："这次就算了，你们给他退款，但下不为例。"

小香莫名其妙地背了黑锅，在领导面前印象减分，觉得特别冤枉，但最后还是给客户退了款。当然，也因为这件事情，她当月的奖金彻底泡汤了。

4.2.2　为什么背黑锅的那个总是你?

李姐自己弄丢了合同，但却假装无辜，反咬一口，装作不知道跑来责问小孟。老王对自己的责任避重就轻，跟小香胡搅蛮缠，还跑到上级面前恶人先告状。

1. "甩锅大侠"常用套路

职场中"甩锅大侠"常用的套路往往有五种。

（1）故意提高声调，表现出特别气愤的样子，理直气壮地胡搅蛮缠。

（2）避重就轻，东拉西扯，不断转移话题，企图把"水"搅浑，自己好趁机脱身。

（3）利用发火、呵斥、骂人等方式，对背黑锅方实施心理压力。

（4）故意制造"非常着急、必须如此、你赶紧认错"的紧张感，胁迫背黑锅者立刻就范。

（5）宁死也要诡辩，将全部"脏水"往外泼，不断强调"怨你怨你都怨你"，拒绝任何理性的、正常的沟通交流。

2. "甩锅"的原因

"甩锅"的原因有以下五种。

（1）心虚，害怕自己的把柄被人抓到、看到、识破、说破。

（2）害怕担责，并惧怕由此而引发的一切负面后果。

（3）找一个倒霉蛋背锅，自己就能免责。这时他们会见人下菜碟，知道公司里谁可以随意揉捏，谁不太容易拿捏，谁绝对不能惹。

（4）了解倒霉蛋的弱点和软肋，找这样的人甩锅肯定是零成本、零风险、高回报率。

（5）越是踩着倒霉蛋，自己越能从容脱身，越是能更好地撇清自己。

3. 背黑锅时如何应对？

当职场中的"甩锅大侠"想要甩锅给他人时，毫无疑问，他们会恰到好处地利用社交敏感者的四大脆弱，即情感脆弱、意志脆弱、意识脆弱、信息获取脆弱。

例如，前文案例中，李姐利用了小孟的情感脆弱、意志脆弱、信息获取脆弱。她知道小孟会顾及情面，也知道小孟会在不断地反问、质问、质疑之下，产生自我怀疑的念头，从而失去"我肯定把合同还给你了"的自信。同时，因为小孟手中没有任何记录、凭证，到底是否还回去她说不清楚，又没有其他旁观者，于是就会产生信息获取脆弱，没有证据，小孟怎么为自己辩解都苍白无力。

那么，如果小孟不具备上述弱点，可以怎么做？

（1）矢口否认。既然你不仁，就别怪我不义。你不承认已经拿回合同，那我索性不承认曾经接到过你的合同。"你什么时候给我的？我怎么不知道？有谁能证明吗？你能证明吗？我给过你凭证吗？都没有，你凭什么说你把合同交给我？"职场中，翻脸无情无关道德问题，而关乎利益问题。当有人先翻脸，先无情，你还有必要维持情面吗？正常人格特质者都会选择以牙还牙，而社交敏感者则会因为情感脆弱的软肋而轻易被他人拿捏控制。

（2）意志坚定。咬死口不承认。"你就是没把合同给我过，说到底我压根没见过什么合同。你自己弄丢就来责怪我，我不服，这个锅我不背。"死扛到底。两个人之中肯定有个人先让步，但那个人绝对不能是自己。

（3）做好工作记录。任何文件收取都要做记录。这些记录作为信息的一部分，仔细留存，避免日后出现问题各种扯皮。

又如前文案例中，老王利用了小香意识脆弱、意志脆弱、信息获取脆弱的弱点。老王知道小香不能为自己的利益据理力争，之后就通过施压、逼迫、制造紧张感等套路，不断摧毁小香的意志。加之小香本身的自我意识不是很强，所以哪怕被领导冤枉，也说不出什么来。最后，虽然小香知道责任是老王的，却又不知道该怎么拿出有利实锤，这源于其信息获取脆弱。

正常人格特质者会怎么做呢？

（1）搜集客户的反馈，将其做精简整理，直接拿给上级看。利用信息作为证据实锤，让老王无法反驳。

（2）自我意识强大，不等领导找，自己就主动跟领导反馈问题，以免处于被动。

（3）意志坚定："这个事，我们客服管不了，你自己跟客户乱承诺，到最后却怪到我们部门。我们的工作是协助销售，帮助客户解决后续问题，但并不包括帮销售部的违规行为收拾烂摊子。我们可以同意客户的退款要求，但责任必须分清，这个黑锅，客服部不背。"

坚持上述主张，无论老王如何施压，都决不退让半步。

有些人会利用社交敏感者的意志脆弱、信息获取脆弱，逼迫其承认错误。比如，故意诱导对方，不让对方留下文字证据，口说无凭；事情发生后，先发制人，恶人先告状，明明他自己的责任和问题，却理直气壮、一脸愤怒地跑来质问对方。

正常人格特质者会怎么做呢？

（1）意志坚定："你要我做什么，发微信或邮件给我。"如果对方各种推诿，避重就轻或转移话题，就是不肯留下文字凭据，那么很简单，此事宁可拖延，也不要踩坑。

（2）拿出有力实锤证据：必要的时候我们可以常备录音笔，并将文字性依据拿出来给上级看。这一招非常好用，只要有第一次，今后就不会再有人敢轻易让你背黑锅了，因为成本太高，被拆穿的可能性太大。

4.2.3　怎样专业地反驳对方？

抗压能力是社交敏感者的一大软肋，当压力较大时，社交敏感者就容易情绪崩溃。所以，职场中如果想要避免背锅，一定要先通过避免四大脆弱来提高抗压能力。这是从情绪上进行管理的角度切入。除此之外，我们还要注意以下问题。

1. 工作中凡事必须有记录，日常交接要留证

用录音笔，工作日志，往来微信、邮件沟通记录，文件印章等保留"借入借出"

记录。涉及多方协作才能完成的工作时，交接、对接都要有记录。

2. 做事要严谨，充分考虑各方的利益、立场

职场中，做任何事之前都能充分考虑到对方的利益、立场，私下做足沟通，然后再出台对应的制度流程，这时就会顺遂很多，能大大避免背黑锅，还能收获更多的理解和支持。

3. 任何反驳都要有理有据有实锤

职场中一定要切记，不要发泄情绪，对于社交敏感者而言尤为如此。

我们在反驳的时候，千万不要情绪失控、发怒或大哭大闹，而应该摆事实，讲道理，放数据，说客观现状。当想反驳某个人时，也要先有他的实锤，再去质疑，而不是空口白话"别人说"，否则不但没有任何信服力，还会在领导面前减分。

注意：反驳时要输出客观事实，而不是输出主观情绪。

4. 利用好反问、质问向对方施压

反驳对方时有个技巧，即不断反问、质问、疑问。尤其当对方抛出某个故意避重就轻且严重不利于己方的问题时，我们绝对不要接话，而应该避而不答，直接抛出另一个直击他的痛点、难点、软肋、核心等问题。此外，当对方对你的能力、成果产生质疑时，我们也可以利用反问句："你说是我造成的？你再重复一次刚才的话？""你说这个责任是我们部门的？你是这么说的吧？是这个意思吗？"通过反问、质问、疑问，给对方造成心理压力，通常情况下，对方都会由于心虚而避开你的质问，转而说其他，这时我们适可而止。

5. 避免指责人，只聊怎么解决事

职场中的"甩锅大侠"之所以总想指责他人，把黑锅往别人头上扣，无非是害怕自己担责。这时如果我们一味地反向指责，只会加深矛盾，最后很容易演变为个人恩怨，于解决问题有害无益。恰当的处理方式如下。

• 保持情绪稳定，头脑理智清醒。

• 不揽错，不轻易认错。不是自己的锅，明确表示"我不背"。

• 态度坚定，对自己及部门的工作要有足够的自信。

社交敏感者经常主动认错，一大原因就是对自己的工作能力、价值、成果不自信，在实践中要尽量有意识地避免这类事情发生。不指责任何人，只聊怎么解决事情。比如客户之所以坚持要求退全款，并不是为了钱，而是认为自己的智商

及尊严受到了侮辱，销售忽悠了他，而他竟然轻易上当了，所以才会很生气地要求退全款。这时，如果想要解决，切入点绝对不能从"钱"上入手，而应该从"如何让客户认为挽回了尊严、面子"的角度入手。弄明白问题的本质，才能更有效地解决问题。

6. 每一次被甩锅，都是一次博弈

博弈必须要有强大的心理承受力，社交敏感者要注意避免"担心某某不高兴，要么还是算了吧"这种心理。

职场中没有朋友，也没有敌人。我们做任何反驳和据理力争，都是对事不对人。所以不存在"会不得罪他"之类的问题。你不反驳，对方也不会因此而喜欢你；你反驳了，但客观理智，只对事情本身，不针对任何人，对方也未必会多么厌恶你。相反，如果你表现得非常专业，他说不定还会敬佩你。

有个粉丝给我提供过一个非常好的案例，说曾经有个同事小纯，总是当面反驳她、质疑她，但背后对她的评价却非常好，各方面认可她的能力。

我自己也曾经遇到过类似的事情，曾经工作的公司，办公室主任经常找茬。每次我都是有事说事，该反驳时绝不手软，该协助的时候也尽力而为。一直到我后来要跳槽去更好的平台，才知道，每次他背后跟别人提起我，都是对我的能力表示赞赏、认可。

所以大家可以看出，职场中，你的妥协换不来对方的喜欢，你的反驳也未必会让对方厌恶。关键不在于你是妥协退让还是反驳质疑，而是在做这件事的过程中，你是否表现出了足够的专业度，是否能做到对事不对人，是否能做到不公报私仇，是否有格局、有胸怀，下一次还是尽心尽力地配合对方工作？当社交敏感者弄明白这些后，心理压力就会大大减轻，今后不会再背负着情绪压力而处处忍让退缩了。

小　结

社交敏感者在职场中几乎是"命定背锅侠"，出事情了是自己的责任，不出事情还是自己的责任。做好了，没有功劳；别人做得不好，责任却要自己负。

这类情况几乎每天上演，让我们对自己的能力及价值产生严重的怀疑，非

常影响自信。

想要解决它，首先就要从管理好自己的情绪入手，避免四大脆弱。

其次要在工作中讲究方式、方法，而不是埋头傻干。不要因为反驳、反抗、质疑而让对方讨厌，也不要担心因为没有妥协、退让而引发对方不满。

实际上，只要我们使用专业的方法，站在专业的角度，以解决这个问题作为核心切入，有理有据地进行分析，总结出靠谱的意见、建议或执行方案，把问题解决，那么就能获得他人的认可。哪怕这个人明面上还是反对你，表现出很讨厌你、很不待见你的样子，但内心深处说不定是认可你、欣赏你的。

不管怎样，一方面，我们不要跟职场中的人有太大的矛盾；另一方面，不惹事不意味着要怕事，如果对方先甩锅，我们也大可不必客气。

你是否被喜欢、认可，不在于做了多少次妥协退让，背了多少黑锅，而在于为企业及他人提供了怎样的价值，创造了怎样的效益，给予了怎样的帮助。

4.3

如何避免被抢功？

社交敏感者在职场不仅经常沦为"命定背锅侠"，还总是莫名其妙地就为他人做了嫁衣裳。明明自己埋头苦干做出的成效，结果同事三言两语，巧舌如簧，这个成效就成了他的；明明是自己的创意方案，却不知怎么成了别人的构思。敏感者即便被抢功，也不敢说、不敢问，不好意思质疑，只能默默忍受。

4.3.1 不仅抢了你的业绩，还特别振振有词

前几天一个在校研究生小代私信问我："我们小组一共四个人，现在论文之类的都是我和另外两个同学写，师姐什么都不做；但等我们写好以后，她直接把自己的名字署在上面，而且写在第一位。不知道这样的现象在研究生里是不是常态？总之我觉得很郁闷。"

我问："你们当时为何没有去问她呢？"

小代说："大家都低头不见抬头见的，这样不太好吧？"

小卫也遇到过类似烦恼，她在某公司做策划，经常要跟部门里其他同事一起接洽并讨论工作。

有一次接到某个项目，客户很重要，小卫非常重视这个客户，彻夜在网上翻类似的案例、数据及信息，最后找到一个非常好的切入点，将创意框架写了出来。

第二天，跟同事小王在会议室讨论策划方案，小卫将自己的方案简单地说了说，小王听罢提出了各种质疑、疑惑，并觉得小卫的这个方案不是很成熟，有好多地方甚至有些幼稚，建议她再修改一番。

小卫听罢，很认真地回去重新思考，结果第二天领导开会时，说："这个很重要的客户，方案已经由小王提上来了，大家也可以看一下，这个方案非常好。如果没什么问题，大家就执行吧。"

小卫拿到复印件一看，差点没气晕过去，这不就是自己的方案吗？从构思到框架，甚至几处数据、细节，一模一样。她不可思议地抬头看向小王，然而对方却像没事人一样，理直气壮、得意扬扬地接受着领导的赞美和同事们的认同，并表示："那么接下来我就毛遂自荐一下，由我负责这次项目的牵头工作，领导，您看可以吗？"

领导不假思索地点头："没问题！"

散会后，小卫想了又想，还是气不过，就私下找到小王，质问他："这明明是我昨天在会议室提到的方案，你怎么不打招呼就报到领导那里了？"

结果小王话锋一转，避重就轻道："小卫，咱们都要站在团队的角度去思考问题，出发点都是为了能做出更好的工作成效。你不要总这么计较个人得失，能不能站在领导的角度去思考问题，多理解一下咱们上级？他每天很忙，压力已经很大了，你却还总在为这种小事情纠结，是不是不太好？"

小卫被问得哑口无言，明明很生气，却又总觉得说不出哪里不对。此事就这么过去了。

但从那天开始，小卫总觉得小王有意无意地针对自己。组里没人愿意做的事情，都推到她这里，但她做出的成效却总是莫名其妙地成了别人的。

不仅如此，这次策划完成后，她就再也没有接到过重要的客户和项目，那些好的资源及机会，都被小王抢走了。

小卫开始频繁失眠，每天都跟胸口堵着一块石头似的，非常郁闷、憋屈。但每次跟小王"交锋"，自己都很快败下阵来，小王总能把没理说成有理，经常怼得她哑口无言。

最后，小卫实在忍不了，从这家公司辞职了。

社交敏感者在职场中经常遇到这类问题：同事让你帮忙做不属于你的、本应他自己完成的工作，美其名曰："办公室里大家就是要团结一致，谁需要搭把手就一起做，不要太分你我，我们要有团队意识。"

把自己的工作交给你之后，他一转头打开网页"摸鱼"去了。小组成员分工完成某项工作，但其他人都不干活，只有自己埋头傻干。

费了很多力气终于搜集了很完整的数据信息，整合成一份精美的宣讲 PPT，结果上级却认为，这份 PPT 是大家一起完成的。

两个人一起去拜访客户，协商解决客户的意见和不满，全程几乎都是你在沟通、交流，费尽口舌，想尽办法，使用各种话术；另一个人则各种往后撤，几乎不开口，生怕哪句话说错了而得罪客户。

但到领导面前时，他却变了个人似的，立刻巧舌如簧，吹嘘自己如何在客户面前做"谈判"，最后在他的主导下，成功说服客户收回了之前的退单决定。你辛辛苦苦跟客户谈判的成效直接变成他的，没你什么事了。

4.3.2 如何增加抢功者的成本风险?

对社交敏感者来说，这类事情几乎每天都在发生，时时刻刻都在上演。我们该怎么做，才能在避免成为"命定背锅侠"的同时，不让别人抢功呢?

1. 社交敏感者为何总被别人抢功?

通过前面几个案例可以看出，社交敏感者在职场中的一大弱点就是不敢说，不会说，不知道何时说，不知道怎么说。它主要是由于被动型人格造成的。人往往分为三种：主动型、被动型和按部就班型。

"主动型人格"经常自发地接受挑战、寻求突破，希望通过主动改变来获得想要的。

"被动型人格"往往雷打不动，不推不动，推了也不一定动。他们惧怕一切改变，不愿意尝试任何新事物，而且往往伴有不同程度的拖延症。

"按部就班型人格"则介于二者之间，既不会主动寻求突破，也不会让自己被动。他们往往有条不紊，喜欢按照常规的、既定的模式一步步地进行，不会快也不会慢；必要的时候也会改变，但只是偶尔为之；必要的时候也会放慢速度，但也不是常态。

其中，"被动型人格"在职场中的体现如下。

- 领导得追着问结果，不追不说，不问不说，不了解就不主动跟上级沟通反馈。

- 同事得追着问进度，不追不说，不问不说，不对接就不主动说自己目前的进展。

- 遇到问题、疑惑瞎寻思、乱脑补，郁闷好几天，也要坚定不移地"打死也不说"。

"被动型人格"在职场的"不说"源于自我意识太过薄弱。一方面没有存在感，觉得说了也没用，发出的声音经常被忽略、被无视；另一方面总担心惹对方不高兴，所以经常退让，认为"只要争取自己的权益利益，就会跟对方撕破脸"。脸皮太薄，口头表达能力糟糕，抗打击能力太差。

2. 避免被抢功的策略

俗话说得好，事后找补不如事前预防，无论被甩锅还是被抢功都是如此。

（1）工作日志及周报总结非常重要。

绝大多数被抢功者都是因为平时没有做好工作记录，没能及时留证。比如小邓等人写论文，师姐从始至终什么都没做，最后却要在研究上署上自己的名字，这时如果贸然质问，对方大可以咬死口不承认，坚称自己是"全程跟进"的。

但如果小邓平时认真做工作日志及周报总结，将小组成员分工罗列其上，情况就会不同：

"第一周研究总结：小邓负责×××领域资料搜集，小吴负责×××领域调研分析，小冯负责整合编撰。"

"第二周研究总结：……"

写完这些之后，要按天、按周，及时发给导师，抄送给全员。等到师姐要署上自己名字时，小邓就可以翻着日志及周报，理直气壮地问她："师姐呀，咱们这个课题研究，从始至终没有看到你到底负责了哪方面事项，你看，全程都是我们三个人在做。不仅如此，连组织、协调、小组管理这样的事情，也都是我在负责。但现在你却要把自己名字写在上面，这是为什么呢？"

再比如，遇到同事把自己工作推给你，这时如果你认为多接触这方面工作有利于更了解领域内的流程、环节、专业知识或技能，可以帮忙，就把它们及时记录在日志及周报中，让上级看到，这些工作是由你完成的。

日志和周报的作用一方面是自己留记录，方便事后查阅；另一方面是为了拿给领导、同事看。

当领导问询某项工作的始末时，你可以把记录拿出来，从前往后翻，事无巨细地跟上级汇报。好记性不如烂笔头，日志记录得越具体，翻阅越有帮助。

当同事让你背黑锅或来抢功，这时也可以把记录拿出来回翻："某年某月某日，你是如何如何说的，是怎样怎样做的；说了什么，做了什么……"

事事有记载，件件有依据。这么做可以大大提高对方让你背黑锅或抢你成效的成本、风险、难度系数，今后他再想做类似事情，就得考虑成本及回报率了。

所以，无论是写日志还是周报，我们都要做到言简意赅，主题突出；重点体现问题所在、解决方案、解决进度等；次重体现协助谁达成了什么，你在其中发挥了怎样的作用。

日常工作简略体现，或可以用一句话带过："工作正常进展中。"

如果领导安排给你的工作已经完成，那么放在日志或周报第一项，重点体现。

无论是日志还是周报，发给领导只是给他备份，千万不要觉得"发送了就可以了"。

发送只是辅助，口头汇报才是重点关键。千万不要写完后扔给上级就什么都不管了。恰当的处理方式是至少每两天口头汇报一次工作进度，每周周五或周一必须口头汇报一次本周的工作情况。

加强沟通，降低跟上级的信息壁垒，才能有效预防被甩锅、被抢功。比如小邓做研究课题这个案例中，她只是写日志、周报，这还远远不够，恰当的处理方式是每隔一两天当面跟导师汇报研究进度，把谁负责了哪些内容、进展情况等简单说一下，全程不要超过一分钟；每周最后一个工作日，跟导师口头简述本周的研究情况，全程不要超过两分钟。

当你跟上级加强沟通，有事第一时间请示、汇报、反馈，降低沟通壁垒，减少信息差时，就会增加其他人作怪的成本。

职场中，绝大多数拉帮结派、搞事情、甩锅、抢功，本质原因都是信息差造成的。想从源头避免，就要减少信息差，保持跟上级的强沟通、强互动。

（2）跟同事分享之前，先在领导那儿做备份。

比如你跟同事出去与客户谈判，如果谈判前能用一两分钟在领导那儿备份一下你的思路、方案、想法、策略，同事还能事中什么都不做而事后抢功吗？即便他这么做了，领导心里也会很清楚，这件事到底是谁做下来的。

再比如，小卫如果在分享自己的创意、灵感、策划案之前，跟上级做个简单的口头沟通并将框架以邮件形式发送给领导，小王还能轻易抢功吗？即便他拿出一份一模一样的方案，领导一看也会纳闷：咦，这两份怎么都差不多，到底谁抄谁？

社交敏感者的被动型人格会让他们事事被动，然而混职场最重要的就是先下手为强。谁能在事前、事中、事后第一时间与上级沟通，谁就能占据先机。

后来沟通的那个人，很难掌握主动权，更勿论为自己洗白："这是我做的，领导你不要把业绩归到别人身上呀！"当上级对事情的第一印象已经形成，再想改变就很难了。

此外，提前把想法、方案、策略、灵感在领导那儿备份，还有个重要作用，就是通过这一步听听上级的想法，是否有更好的方案或建议，是否有不足或需要调整的。如果有，先按照上级要求及时调整，再将方案进一步具体化。这样能避免很多不必要的步骤，避免浪费时间或精力。

（3）把"不能说"改为"能说"。

社交敏感者之所以经常被甩锅或抢功，而且对方屡屡得逞，主要原因还是你给他人的形象能力太弱了。个体的能力分两种：实际能力（也称为"实际价值"）与形象能力（也称为"形象价值"）。

敏感者往往是实际能力≥形象能力，喜欢甩锅、抢功者则是实际能力＜形象能力。

为什么会有这么明显的差距？因为职场中的价值主要分以下四个层级。

第一层级：既能说，也能做。

第二层级：只能说，不能做。

第三层级：只能做，不能说。

第四层级：既不能说，也不能做。

见图 4-2、表 4-8 和图 4-3。

图 4-2　两大能力的对应

表 4-8　象限层级及两大能力

象 限 层 级	形 象 能 力	实 际 能 力
既能说，也能做	√ 在企业中容易刷存在感，会进行优质的自我展示 他们往往既是演说家，又是实干家，这类人在企业中最受欢迎	√
只能说，不能做	√ 容易在团队、领导、成员面前刷高存在感；适合短期展示，不适合长期共事，否则大家很快会发现"这个人只说不做" 他们往往只能做演说家、谈判家、商务公关高手，不适合实干 这类人在营销、销售领域最受欢迎	×
只能做，不能说	× 很难有存在感，适合长期共事，不适合短期展示 他们往往只适合埋头苦干，保守秘密，做执行层面事情 这类人在技术、研发、财务、执行类领域最受欢迎	√
既不能说，也不能做	× 既没有存在感，也没有存在价值；无论短期展示还是长期共事，都会让周围人有比较糟糕的体验 往往成为拖后腿、干啥啥不行的典型 这类人往往不被企业、团队、管理者喜欢，经常沦为被淘汰一族	×

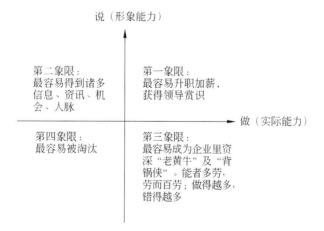

图 4-3　说与做的象限

社交敏感者常年处于第三象限，个别的也会徘徊在第三象限和第四象限之间。

"能说"的评估标准主要有六条。

- 是对方想听的吗？
- 是对方关心的吗？
- 你想说的这些，与对方利益有什么关联？
- 你所说的能否戳中对方的痛点、难点、软肋？
- 你能否根据对方喜恶去组织话术，更有技巧地进行表达吗？
- 能否言简意赅，直奔主题，或有套路地转移对方注意力，影响对方决策？

"能做"的评估标准主要有五条。

- 是对方想要的吗？
- 与企业、团队、上级或同事的需求有匹配度吗？
- 对企业、团队、上级或同事的利益有何帮助？
- 能否帮助对方解决痛点、难点？
- 能否通过业绩成效提高企业或团队的业绩？

社交敏感者可能"能做"，也可能"不能做"，但不管怎样，都很难达到"能说"层级。所以我们必须让自己从第三、四象限向第二象限攀升。

4.3.3 化被动为主动，从"不能说"转变为"很能说"

前面已经提及，社交敏感者的被动性体现在职场中时，往往不追不说，不问不说，发生问题不说，遭遇困惑不说，无论高兴还是不高兴统统"打死也不说"。

1. 化被动为主动

主动说，追着领导说，积极汇报反馈，形成与上级、平级、对内、对外的强互动沟通状态。被动型与主动型的表现见表 4-9。

表 4-9 被动型和主动型的表现

原来（被动型）	现在（主动型）
不追着问进度，打死也不说	主动追着上级汇报进度、情况

续表

原来（被动型）	现在（主动型）
不追着问情况原因，打死也不说	主动跟上级、同事对接进展、关键项
发生问题／遇到麻烦了，打死也不说	主动跟上级反馈问题并附上解决方案或选项
遭遇困惑迷茫了，打死也不说	主动向上级求助并附上自己的思路或想法
上级／同事某句话是什么意思？宁愿瞎想好几晚，也绝不当面问清楚	主动问询对方："这句话，我是这么理解的，是这样吗？"
被甩锅了，打死也不说	立刻马上当场，有理有据地反驳
被抢功了，打死也不说	事前向上级备份，事中跟上级及时沟通，事后立刻跟上级反馈

大家如果能做到表 4-9 中主动型这几项，那么混职场基本上能避免绝大多数的甩锅及抢功。

2. 两大关键维度

跟上级／同事沟通要抓住两大关键维度：时间维度（事前、事中、事后）以及内容维度（进度、方案、建议、结果成效）。把握住两大关键维度，每次在事前沟通方案、建议，事中沟通进度、情况、问题；事后展示结果、成效（或通过总结进行思考、纠偏）。

把握好两大关键维度必须遵循一个核心原则：不拖延。例如，能立刻去跟上级汇报的，马上去，别拖。能当下就给上级发微信、邮件的，赶紧发，别拖。能在碎片时间利用微信跟上级简单汇报的，立刻做，别拖。

再如由琼瑶作品改编的电视剧，里面的主角都有一个共同毛病：该说的时候不说，支支吾吾，不该说的时候反而说，即说不到点子上。

明明两个小时就能解决，非要拍成二三十集，看得人想把电视扔出去。

如果你希望自己在职场上风姿飒爽，给大家留下优秀的印象，展示优质个人品牌，就请有话快说。

如果你不想像电视剧主角那样磨磨叽叽，凭白受虐，请务必做到有话快说。

社交敏感者之所以不敢或不愿意主动沟通，主要是难以攻克情绪大关，不知道如何克服紧张、焦虑。

被甩锅时，气蒙了，完全想不起自己要说什么、能说什么。

被抢功时，蒙圈了，完全不知道该从何说起，不知道怎么维护自己的正当权益或利益。

被同事明怼暗算时，又蒙又傻，气愤紧张，心跳加速，偏偏就是张不开嘴，只能任人鱼肉。

不知道什么时候说、怎么说、会不会说错，担心被上级训斥、惹同事不开心。

克服方法有四个。

（1）无论发生什么事，立刻做3~5组腹式深呼吸。

深呼吸的过程中，拿出纸和笔（或使用手机的"备忘录"），将事情的起因、经过、发展、结果，进行简单罗列。

（2）克服情绪影响，尽量恢复逻辑思维。

情绪影响：他怎么这样？他太过分了！他是故意针对我！他是成心的！

逻辑思维：因为……，所以……。如果……，那么……。论据是……，结果是……，其中的逻辑关系是……。所以这件事应该是这样这样，而不是那样那样。

比如前文案例中，小卫被小王抢走策划案，即便小卫已经处于先天不利，想要后续弥补，面对小王的诡辩，也可以通过逻辑思维与对方据理力争。

小王说："小卫，咱们都要站在团队角度去思考问题，出发点都是为了能做出更好的工作成效。你不要总这么计较个人得失，能不能站在领导的角度去思考问题，多理解一下咱们上级？他每天很忙，压力已经很大了，你却还总在为这种小事情纠结，是不是不太好？"这时如果受情绪影响，小卫可能被怼得一句话都说不出来。但如果用逻辑思考，结果可能就大不一样了。

强调真正的主题。小卫说的主题是"你不能拿着我的创意去领导面前抢功"，但小王却将主题偷偷替换成"你不能没有团队意识"。这一招叫作"偷龙转凤，转移重点"，是很常见的逻辑谬误及诡辩套路，这时我们只需要重新强调真正的主题。

不要被对方的"圈套"绕进去。小王后面说的一大堆，都跟小卫原本要强调的主题毫无关联，这时哪怕小卫只是回应其中任意一个，她都会"有理变没理"，因为小王在后面所说的每一句话，单独看都是很有道理的，都无法反驳，如果小卫在这些话上反驳，只会让别人认为她太矫情、太计较。所以小卫这时只需要说出自己的主张："希望今后大家能更加尊重对方，尤其是尊重对方的劳动成果。"

不要担心惹对方不开心，因为无论你怎么做，他都不会善待你。从开始就决定让你背黑锅或抢你劳动成果的同事，他从来就没打算善待你。请不要花费时间精力在完全没打算善待你的人身上，否则只会更惨。也不要担心对方气急败坏，因为这说明他非常心虚，已经黔驴技穷，只能跳脚了。

对方跳脚的时候，不要落人口实，而应采用拖延战术。"你现在似乎心情不太好，等你情绪稳定一些，咱们再继续沟通。"

我们及时跟上级保持强沟通，并使用好逻辑与话术。这时若遇到跳脚告状的同事，由他去，我们只需要跟上级把事实陈述清楚即可。

再比如，同事把他的工作推给你，转身"摸鱼"去了，结果还在你面前嘚瑟："办公室里大家就是要团结一致，谁需要搭把手就一起做，不要太分你我，我们要有团队意识。"

如果你被情绪影响，很可能又生气又无可奈何，因为似乎他说的每句话都对，根本无法反驳。但如果采用逻辑思考，那么情绪就能很快平复下来。

首先，你的主题是"谁的工作谁负责"，而对方则将"是否应该做好本职工作"替换成了"大家要团结一致，互相帮忙"。

其次，区分"做好本职工作"和"互相帮忙"的不同。"做好本职工作"是员工应该履行的责任和义务。如果做不好或时间不够用，可以求助于上级，在上级的安排协调下，看看其他成员该如何予以帮助、支持或提供培训。"互相帮忙"则是指针对共同的团队任务目标或共同的工作任务，大家互相帮助扶持。若其中一人遇到麻烦、困难，大家一起商讨，共同出主意、提建议，但最后执行方还是本岗负责人，因为这本来就是他职责范围内的事情。

最后，如果对方以"大家要互相帮助，有团队意识"为由，让你做本应该是他负责的事情，那么很显然，他对"团队意识"的理解有偏差。这时一方面，要建议他直接求助于上级；另一方面，我们是否也可以顺便跟上级提及，要不要给大家做个简单培训，明确到底什么是本职工作，什么是团队意识、互相帮助，以免总有人分不清东西，给团队工作及任务目标的达成带来困扰。

大家可以看出，当我们克服情绪影响，运用逻辑思维时，一切小花招、小伎俩都将无所遁形。你的逻辑思维能力越强大，他们的套路就越不中用；你的逻辑性越强，他们的诡辩就会越苍白无力。

我们可以通过多阅读与逻辑思维相关的书籍，结合职场实践同步进行，循序渐进地提高。

（3）避免互相指责，尽可能只描述主题、需求、主张。

无论是被同事甩锅还是抢功，我们都要尽量有理有据，避免互相指责。比如小卫和小王那个案例中，小卫使用逻辑思维后，给出的主张是："希望今后大家能更加尊重对方，尤其是尊重对方的劳动成果。"

"更加"这两个字意味着小卫并没有说小王之前"不尊重"自己的劳动成果，只是希望在"尊重"的前提下更进一步。

不去指责人，不去指责他的做法是否合理合规，只针对事情本身有理有据地客观陈述，是为了避免激化矛盾，不激起对方的掐架之心。混职场，能不掐架就别掐架，所有人出来打工都是为了求财，而不是求生气。无论对方是怎样品性的人，我们都尽量不掐架，只求财；不生气，只生财。

"避免站在主观角度指责对方"是非常好的避免矛盾的方法，常见话术如下。

其一，不用主观结论提问，只用客观行为或结果提问。

小卫和小王的案例中，"主观结论式提问"的沟通是："你干吗把我的创意拿走，当成你自己的？"

"客观行为或结果式提问"的沟通则是："昨天我跟你说了策划方案，之后你在没通知我的情况下，将它提交给上级且没有提及我的名字，这是为什么呢？"

再比如小邓做研究课题的案例中，"主观结论提问"的沟通是："师姐，这个课题从始至终你都没有参与，为什么还要写上自己的名字？"

"客观行为或结果提问"的沟通则是："这个课题，大家分别负责了×××等方面内容，所以写了大家的名字。师姐，你负责的是哪方面？过程中为哪些方面提供了帮助或支持呢？"

我们可以熟练地将这种提问方法灵活运用于各类场合，不仅仅包括被甩锅或被抢功，只要有需要，任何情况下都可以使用。它最大的目的是避免因为过早抛出主观结论而给对方留下诡辩的机会或以此为话柄对你实施攻击。

其二，不使用主观指责作为主张，而使用客观目的或结果作为主张。

跟同事一起面对客户，进行谈判，同事全程什么都不说，最后却在领导面前抢功。

"使用主观指责"的沟通是："你明明全程没起到任何作用，怎么现在功劳都成你的了？"

"使用客观目的或结果"的沟通则是："下次再有类似事情时，我们最好能以'配合战'的方式去达成结果，一唱一和，一个讲述，另一个做补充说明，你觉得呢？"

小邓不想让什么都没做的师姐署名时，"使用主观指责"的沟通是："你明明什么都没做，我认为不应该写你的名字。"

"使用客观目的或结果"的沟通则是："咱们署名的时候，应该用括号注明各自的研究领域或负责内容，这样一方面是做个记录，让导师一目了然；另一方面未来实习就业时，拿给用人单位看，也能把各自擅长的领域体现得更加清楚。"

这时如果师姐什么都没做，她署名后面的括号就只能空着，什么都写不出来。虽然署名了，然而明眼人一下子就能看出，实际上她没有做任何事。

其三，避免贬损否定，多进行肯定认可。

抢功的同事往往既不能做又担心自己在领导面前减分，为了避免这一情况，就会把别人的成效占为己有。这时如果我们对其进行贬损、否定，可能会激发其逆反心理，让同事间的矛盾更深。所以我们尽量多肯定、多认可，同时通过逻辑思维将自己的主张清楚明白地说出来，两个维度同时进行。

比如同事将本职工作推给你，自己去"摸鱼"。

"贬损否定"式沟通："你是不会做自己的本职工作吗？怎么总把它推给别人？"

"肯定认可"式沟通："虽然大家都很忙，但我相信即便这样，以你的能力也一定可以独立完成！"

比如跟同事去谈客户，同事全程什么都不说，回头却抢功。

"贬损否定"式沟通："你明明什么都没说，怎么功劳都成你的了？做人不能这么没下限。"

"肯定认可"式沟通："下次咱们再配合时，你可以多发挥自己优势呀！比如×××方面，我觉得你讲解的水平还是不错的，看好你！"

我们用表格将上述内容汇总一下，见表 4-10。

表 4-10   话术、目的、不要做与要做

话 术	提问／反问／质疑	主 张	陈 述
目的	恰到好处地给对方施压	强调"我"需要被尊重，而不是命定"背锅侠"或"下蛋鸡"	弱化矛盾，强化目的达成
不要做	主观结论式提问	主观指责	陈述中充满贬损否定
要做	客观行为或结果式提问	客观目的或结果	通过肯定认可进行陈述

综上所述，我们使用话术不是为了讨好对方，而是为了达成目的。

避免互相指责不是因为怕得罪对方，而是从整个团队出发，用大局观去解决问题，避免激化矛盾，影响团队目标达成。

当明确真实目的并掌握了更好的方法、原理后，下次遇见类似事情时，社交敏感者还会不敢开口说吗？

（4）晚上复盘，回顾自己哪里做得好、哪里做得不好，如何改进。

一旦发生事情，社交敏感者晚上经常回放白天的场景，夜不能寐，始终纠结："这个人怎么这样？他是不是故意的？其他人肯定对我有不好印象了！"

复盘的目的则是转移注意力。将对别人的质疑、指责、不满、愤怒及外在压力导致的委屈、焦虑，转化为："我该怎么做，才能更好地展示自己或挽回劣势？这么做对个人目标达成有哪些帮助？"

坚持做这件事，不断通过复盘将关注点转移到"怎么做才能让自己表现得更好"，而不是一直纠结于已经发生的、无法挽回的事情。这样有助于缓解情绪压力，避免因被甩锅、抢功而造成情绪问题。

小 结

无论是被甩锅还是被抢功，社交敏感者都经常沦为受害者。

不敢说，总怕得罪对方；不知道怎么说，怕说不好反而遭到更多的指责或

批评；跟上级沟通时充满压力，紧张焦虑，且惧怕自己说错做错。

这时单纯聊克服负面情绪跟没说一样。如果掌握不好方式、方法，没弄懂其中原理、门道，怎么克服都没用。

唯有知道对方的套路、行为的目的，我们才能知道如何改善、避免。多实践、多练习，对这些内容熟练掌握，才能从本质上避免不自信，彻底改善负面情绪。当你对被甩锅或被抢功且充满压力时，首先要掌握更好的方法，然后做好情绪管理。

问题来了：如果是上级抢功或上级协同其他下属一起抢功，怎么办？

这时又分为以下三个情况。

情况一：上级作梗，但不太影响你短期职业目标的达成。

情况二：上级作梗，对短期职业目标的达成有一定影响。

情况三：上级作梗，阻碍你短期职业目标的达成。

如果属于情况一，我们可以适当无视。

如果属于情况二，可以根据当时的情况决定。对职业目标达成的影响越大，越要积极主动地采取办法。

如果属于情况三，且这家平台很难提供给你其他价值，则我们可以准备跳槽。

针对情况二，怎么跟上级去沟通？我们可以回到本章中"提问→主张→陈述"内容去重看，这其中绝大多数方法在面对上级时也同样适用。只不过要注意措辞、语气、态度，并记得无论受多大委屈，也尽量私下沟通，而不是当众质疑指责。

经常被甩锅是因为不能说，只能做，但上级全程不知道你做了什么、怎么做的、过程结果如何。

经常被抢功是因为不能说，只能做，上级没有第一时间知道你做了什么、怎么做的、过程结果如何。

所以，想避免因为被甩锅或被抢功而出现问题，核心在于：围绕时间维度和内容维度加强跟各方的沟通联系，让自己能说＞能做。使用好话术，让沟通帮助你事半功倍。将情绪影响降至最低，尽可能运用逻辑思维。做好复盘，发生事情立刻总结，而不是一味地在无法挽回的事情上纠结、焦虑。掌握了方法，情绪自然能够得到改善。

4.4

如何确认"我是有价值的"？

"我觉得自己的存在没什么意义，每天自我质疑严重。"

"他们都说我一无是处，实际上我也不知道自己能做什么，可能真的是废材吧。"

"我妈经常贬低我：'你有什么价值？你能找份工作就不错了！'我总觉得不是这样的，我不会这么糟糕，可又找不到反驳的理由，每天都很不开心。"

绝大多数人际、社交问题的根本原因是没有找到真正的自我价值。

4.4.1 你很优秀，真的如此吗？

有一次面试的时候，我遇到了这样一个求职者：他夸夸其谈，自信满满，言称只要是该领域的工作，没有做不了的。听上去好像很厉害的样子，但全能型人才真的存在吗？

于是我深入问了他几个问题。

——"你为何觉得自己完成得非常好？此评估的依据是什么？"

——"你说自己能力很强，具体有哪些方面能力？请举几个例子。"

——"这些能力这么强，能达到什么程度？过往你是怎么做的？"

——"其他人，包括你的前领导，对上述能力是怎么评价的？他们有没有当面给你提过意见或建议？"

——"你认为接下来还有什么需要学习、提升的？"

这个应聘者面对上述问题，都特别蒙，要么避而不答，要么转移重点，最后索性回答："我不会说，只会做，你们用我就知道了！我真的很能干！"

然而很明显，这不是"只能做而不能说"的问题，而是"对自己价值评估不清晰，造成完全不知道该说什么"的问题。

这类自我价值认知不清晰的案例还有很多，前段时间有个咨询者小张来跟我求助，他苦苦追求一个女孩子，但对方始终不肯同意交往。为此他特别苦恼，求助的原话是："我觉得自己挺优秀的，也有很大的潜力和上升空间，为什么她不同意呢？我这么棒，她不应该不同意的！"

我问他："你认为在哪些具体事情上自己比较优秀？"

他说："我工作能力强。"

我问："具体哪方面能力强？"

他说："领导交给我的所有工作，我基本上都能按时完成，而且很负责。"

看到这里我就笑了。

"第一，按时完成只是基本要求，每个职场中人都要做到这一点，它只能说明你符合标准，并不能说明你是优秀的。

第二，按时完成的前提下，工作质量如何？KPI 考核成绩怎样？达成了哪些业绩成效？你利用自己的哪些优势、价值去创造了效益，为团队做出了贡献？这些别人也都能做到吗？"

我不断深入地提出诸多问题后，对方偃旗息鼓了："我没有想过这么仔细，你的问题太纠结于细节了。"

其实这些不是纠结于细节，而是从细节出发。如果细节处都无法体现出优秀，看不到自己的价值，那么对自我评估的"认为自己很优秀"之结论，从何而来呢？同样的问题也经常发生在社交敏感者身上。我曾接到过一个求助，当事人小蔡因为对自己能力不自信，过分谦卑，放低姿态，导致被面试官压低工资。入职后通过其他同事才知道，她这个岗位原本可以比现在多拿至少 2000 元。小蔡非常郁闷，但已经难以挽回劣势了。

社交敏感者经常因为对自己价值的认知不清晰造成盲目自信或自卑，无法做出最有利于自己的决策，并且越发敏感、情绪脆弱。

4.4.2 你的价值被社会需要吗?

问题来了：怎么知道自己的价值是否被需要？怎么知道价值变现情况如何？

1. 自我价值被社会需求的情况要依据它是否有效利他来决定

前文已经说过，每个人对其他人评价时，都更倾向于站在自己的利益、立场思考问题。当认为符合自己的利益时，就会给出正面评价，反之则往往给出负面价。

同理，当他人认为你的某些价值对他很有利，能满足他的利益、利好、心理及情感愉悦，这时他就会认为，他是需要你这项价值的。价值对他人的利益或情感愉悦满足系数越高，他人的需求度就会越高。

引申到职场，就是你的价值越有利于企业，越能帮助企业创造更多效益、价值，企业就会越需要你；你的价值越能解决客户的痛点、难点、需求点，越能满足客户的要求，客户对它的需求度就会越高。

2. 自我价值变现情况要依据是否为其他人的刚需来决定

比如乐于助人就不能算是刚需，因为每个人的性格不同，需求也不同。

在日本，很多老人并不希望被让座，因为他们会认为那是别人看轻自己的表现。同理，很多人在脆弱的时候也不希望别人过多帮助、参与，否则会认为他人在怜悯或同情自己。他们将怜悯、同情视作羞辱，这时助人为乐仅能达成提供帮助者自己的情感满足，对被帮助者无益。

职场中，如果没有原则和边界感地"乐于助人"，对任何人的任何求助"来者不拒"，就会损害企业的利益。比如，张三希望把自己私事的停车费也予以报销，请你帮个忙，你没有拒绝，那么就会增加企业成本。

王五说自己工作忙，希望让你帮他去做一件事情。你非常"助人为乐"，想都不想就同意了，结果被领导训斥一顿。原来这件事情王五之前申请过，被领导驳回了，他为了达成自己的目的，不愿放弃，于是找你来"帮忙"。你不明就里，莫名其妙地就成了背锅侠。

综上所述，当对方的需求并不是刚需，甚至这个需求对组织、机构、其他人、你自己可能产生危害时，那么很显然，你的这项价值就无法很好变现，对应的价值系数也就会变低。

所以，价值需求度由价值变现情况决定。当大家愿意用价值去交换（或付费购买）的意愿越高，说明它的需求度越高（是刚需），则你具备的价值系数就越高。

当市场需求非常高时，其他人也开始发掘、培养这项自我价值，与你竞争。此时此项价值的供给就会越来越充裕，直到"供大于求"，此时社会对个体价值的"付费"（广义）就会变低。个体在其中需要做的，就是不断提升自己的价值系数，不断做到精专，以应对越来越激烈的竞争。

这个过程也是自我提升、成长的历练机会，让我们能得到非常好的锻炼、自省、纠偏及总结。不要怕你的价值会产生竞争。竞争越激烈，说明被社会需求的系数越高。就怕连竞争都没有，那么说明你的这项价值的变现价格可能会很低，难以为自己创造利益。见图 4-4。

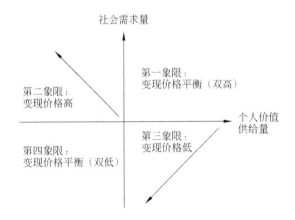

图 4-4　社会需求量与个人价值供给量象限

第四象限：个人价值供给量低 + 社会需求量低

比如小苏英语好，周围只有一个朋友需要懂英语的。这时个人价值供给量约等于社会需求量（双低），价值产出基本上可以得到合理的收益率。

第三象限：个人价值供给量高 + 社会需求量低

比如小苏英语非常好，但她周围的朋友、所在企业都不需要英语，这时社会需求量低，她的这项价值的变现价格就会非常低。同时，如果她去这类企业应聘时，"英语好"这项技能也难以给她加分。

第二象限：个人价值供给量低 + 社会需求量高

小苏英语好，周围有五个朋友需要懂英语的，然而除了小苏外，没有其他人懂英语。这时小苏的这项价值的变现价格就会较高。需要英语的越多且懂英语的越少，她的价值的价格回报就越高。

第一象限：个人价值供给量高＋社会需求量高

小苏英语好，周围有十个人需要懂英语的，同时除了小苏外还有十来个人也懂英语，此时虽然社会需求量上去了，然而个人价值供给量也在上升，于是价值的变现价格继续回归平衡、合理的状态中去。

再举个例子，社会对"诚信"这项价值的需求度越来越高，但供给者并不很多。此时若你有这样的价值，应重点展示，因为它不仅是刚需，需求面还非常广，能很好地帮助自己变现。

通过四象限图我们可以知道两点。

（1）个人价值是相对的，而不是绝对的。

同一项价值，在不同的地区、城市、圈子、企业，它被需求的程度是不同的。

有的人执行力非常强，然而在一个内斗内耗的企业中，管理者需要的是权力制衡，那么此人的强执行力被需求度一般，变现程度自然不会很好。

有的人只能做，不能说，这时如果他进入一个看重"个人展示"的企业，价值变现度就会很糟糕；如果进入研发、技术、教育类企业，更看重实干性，他的价值变现才会更好。

（2）个人价值的变现价格与总供给量有关。

张三会说英语，此时他若在民营企业，公司上下只有他口语流利，且企业需要能做国际交流的员工，此时他的价值的变现价格就会非常高。但如果他在外企，周围同事的英语都非常流利，总供给量完全可以满足甚至超出企业需求，那么他这项价值的变现价格就会较低，这时有两个方法可以提高此价值的变现系数：第一，发掘其他别人不具备的且被企业需要的价值；第二，去其他"英语技能"总供给量小但企业本身对其需求量较大的平台。

由此可见，若你所在的环境中，无人认可你的个人价值，不一定是你真的很糟糕，而可能是因为你的价值不能有效利他，即他们用不到你的价值。你的价值对他们而言不是刚需。

比如小米的个人价值是"具备优秀的职业操守"，但她是家庭主妇。这时此项价值几乎不被周围人需要，更不是刚需。但不能因此就说"小米没有价值"。她不是没有，只是没找到好好发挥个人价值的环境而已。

再比如小琴的个人价值是"优秀的数据分析能力"，但她目前只是个基层的窗口办事员。这时父母、亲戚、朋友都认为她没什么价值，还是赶紧结婚生孩子。如果轻信周围人对自己的价值评判，就会影响自己的判断，因为周围人看到的只是你在某一环境及平台中的体现，并没有结合整个社会的需求去进行客观、科学、合理的分析或判断。若这项价值拿到互联网、金融等企业，从事与数据分析有关的工作，价值变现情况完全不同，还会有人认为小琴毫无价值吗？

社交敏感者弄明白这件事非常重要，它可以有效避免我们因外界评价而盲目自我怀疑，更能帮助我们很好地应对来自他人的贬损打压、嘲讽奚落。

下次在社交中遇到这类事情，知道该怎么处理了吗？

首先，清晰客观地对自我价值重新评估，明确自己的价值，提高自我认同度。

其次，弄明白什么人、什么平台需要你的价值，它的总供给量及总需求量是多少，你的价值被哪些平台所需求，他们愿意为此提供什么回报。

最后，对方对你打压只是因为他不需要这种价值（或虽然需要但你的存在让他产生了威胁感），这时你要做的不是自我厌恶、自我否定，不是让情绪陷入低谷，而是积极寻找需要你的且价值变现较高的环境，将自我价值更好地发挥出来。

每个人的存在都是有价值的。利用价值服务于社会，不仅对社会有利，也对自己有利，是一举两得、协作共赢的事情。

4.4.3　哪怕有价值，也可能给你带来损耗

很多时候，哪怕是刚需的价值，使用不好仍然会给自己带来损耗。比如，甲希望让自己的孩子上重点中学，而你有这方面的人脉。人脉广泛是你的个人价值且是对方的刚需。

对方明确表示，愿意付出价值去交换，请你帮忙托个关系，让他家孩子能顺利入学。这时你具备这项价值，也要谨慎使用，因为它不仅可能损害到你的利益，让收益远低于付出成本，还可能因此而承担法律风险。

回到上文中的职场案例，王五通过找你"帮忙"来达成某项被领导驳回的事情，此时他对这件事的需求是刚需，也提出了愿意回报以其他价值（比如请你吃中午饭），但实际上你的"乐于助人"价值不但带不来回报，还会让自己损耗，因为风险及实际付出远远大于预期回报。

问题来了，怎么才能科学、合理、正确地使用自我价值呢？如果对方提出了需求，自己不好意思拒绝，又该怎么办？

社交敏感者的一大痛点是不知道自己的价值到底是什么，所以导致只要有人需要帮助，几乎不经思索立刻伸出援手，以便通过这个行为侧面验证自己是有价值的。

是否有效利他决定了社会对你的价值的需求度，是否为刚需决定了你的价值的变现价格。这时就会涉及一个很重要却很容易被忽略的问题：自我价值体现存在成本及风险吗？即当我们决定体现某项自我价值时，成本及风险的总和是否能远低于预期回报？

比如，小洁曾经在某家公司遭遇了这样一个困境：她被同事集体排挤了，且每天加班到八九点钟，领导却迟迟不给涨工资。最开始入职时，上级和同事看上去都不错，对她也挺好。作为新人，她自然是非常感动，于是总想回报大家。正好那段时间公司正值扩张期，岗位设置不是很全，人手经常不够用。

平面、动画、修图、文案等都要人。小洁便自告奋勇，跟领导说："我平面设计会一些，Flash 软件运用懂一些，修图可以做，文案可以写……"

领导一看非常好，立刻给她安排了一堆工作。其他人看到小洁能做，于是一有相关的事情就跑来找她。领导觉得很满意，在某次会议上公开夸赞了小洁。

从这以后，同事们对小洁的态度就有些奇怪了。

"这个事，你别来找我，问小洁，她比我懂。"

"我没处理过，不清楚，你去让小洁做。"

"文案？我不会啊！一直都是小洁负责，你问问她吧？"

"大家有修图的，找小洁，但排一下队啊！小洁，请优先处理我那份，急用，谢谢！"小洁越来越忙，整天被非本职工作困扰，每天独自加班到八九点，办公室其他人却很悠闲，然而即便闲着也不来帮忙。不但不帮忙，还开始排挤她，动辄阴阳怪气，有集体活动也不再喊她一起参加，甚至当面说："哎呀，反正你能干，你就加班呗，活动重要还是加班重要？当然是加班！所以你就不用去了。"

小洁非常郁闷，又憋屈又生气，于是跑去找领导申请加薪，却被领导直接驳回："现在大家的工作量都差不多，别人都能按时完成，为何你做不到？这说明你的效率太低了，怎么反而来找我加薪？"

小洁委屈地反问："可是好多工作都不是我的职责范围啊！"

领导听后沉了脸，批评道："公司的工作都是大家的，你怎么能这么斤斤计较？其他员工都是互相帮助，怎么到你这里就有这么多事？"

小洁郁闷坏了，跑来跟我求助，问我应该怎么办。

这就是非常典型的对自我价值做了错误的展示，造成付出成本日益高涨，风险较高（被同事排挤），回报率却非常低的案例。

我还曾经看到过另一个朋友的案例，她做的蛋糕非常好吃，经常发朋友圈展示成果。一来二去，周围好多亲戚朋友都来找她，让她帮忙做些蛋糕，或干脆约好时间去她家吃。

开始时这个朋友很高兴，觉得自己做的蛋糕受到欢迎，侧面验证了自己的价值，当然是好事，于是每次都非常认真地帮大家做蛋糕。

久而久之，蛋糕越做越好吃，来吃的人也越来越多。于是这个朋友就觉得，与其这样不如开家私人烘焙店，做好蛋糕后在朋友圈销售，说不定收入比上班还多呢！想做就做，她先成立了工作室，然后注册了自己的品牌商标，开了微店，开始在朋友圈卖小蛋糕。

本以为生意会非常火爆，毕竟之前来让她做蛋糕的亲戚朋友们都排着队预约。然而开业一周，生意却出乎意料地冷清。不仅无人问津，还收到了这样的回复："怎么还开始收钱了呢？"

母亲给她打电话，质问她："去找你做蛋糕的都是自家亲戚，你怎么还好意思收钱呢？你这生意做到自己家人身上了？我跟你爸在亲戚面前怎么抬头？让人家戳脊梁骨呀！"

朋友非常郁闷，原本非常受欢迎的蛋糕，怎么一旦开始收费，就变成了这样的结果？大家不是很喜欢吃吗？为何就没人来买了呢？

最让她觉得憋屈的是，之前帮大家免费做蛋糕，投入了大量的时间和成本，所有食材都是自己花钱购买的，有时候做得不好就要浪费掉，损耗也是自担。然而从没有人主动提过这些事，甚至连请她吃顿饭的都没有。

大家都认为："不就是做两三个小蛋糕吗？又不费事，提钱太见外了，况且这也花不了多少钱呀！"

朋友虽然做了非常好的自我价值展示，且一度需求度较高，然而最后的结果却很糟糕。

问题来了：如何拒绝他人？这也是社交敏感者的另外一大痛点。我们应该从谨慎展示自我价值开始做起。

在展示之前就要预估可能面临什么、会发生哪些问题。预估后认为预期回报高于成本及风险时，再予以展示。若没有做好预估，展示后被他人要求"义务奉献"，这时该怎么办？我们可以将自己性格中看似缺点的特质拿过来，应用到这里，比如，采取拖延对策，假装很纠结犹豫，表现出不知怎么办、拿不定主意的样子。

小洁的案例中，她已经处于劣势，怎么才能改善局面？

- 放慢非本职工作的工作效率，优先完成自己的本职任务。
- 逐渐缩短加班时间。
- 非本职工作时，以"多沟通"为理由，多次向对方确认、请示、请示、确认。
- 夸大某项任务的难度、复杂程度、所需专业之精湛程度，故意表示"我真的不行，您还是另请高明吧"。

"小张，你这个文案是要表达这个主题吗？我有些纠结，它看上去与产品不太相符，你确定吗？"

"可是，小张，我还是很纠结，你真的确定这样没问题吗？"

"小张，我想了想，还是难以做决定，你再跟领导确认一下吧！这也是为咱们工作负责才做出的考虑。"

"我最近总是因为这项工作而焦虑，无从下手，你说的话有道理，然而我还是纠结，我怕写出来后大家都不满意。"

通过上述方法，无限延长完成日期，直到对方受不了，肯自己去做。

跟领导及同事表示："时代在进步，技术在快速更新。目前我所负责的文案、设计、修图等工作中，需要使用更高级别的软件，需要一些更复杂的技术。这些我目前还没有掌握，所以建议公司要么给大家安排一些培训，让我们都能有机会学一学，提高工作效率，要么就招人专门负责这些工作。"

再比如做蛋糕的那个案例，如果当事人从最开始展示的时候就做好成本及风险预估，结果可能会大不一样。展示自我价值就跟卖东西时展示样品、发放赠品一样，都是有成本、有风险的。

厂家想推出产品，在合作伙伴的店铺放上样品，这些样品也是有成本的，要计入"成本"之中。同时，厂家搞"买一赠一"或"买 A 赠 B"也有成本及风险：万一大家被赠送习惯了，忽然有一天厂家不送了，顾客就会放弃购买；万一顾客吃了或用了赠送的东西出现问题了，会来找厂家担责。

混职场或社交圈，做自我价值展示也一样：展示价值的时候要估算成本是多少，比较常见的就是通过做某件事展示价值，它需要花费多少时间、精力。

无论职场还是社交圈，让别人劳而百劳然后理直气壮不回报的人非常多。这时一旦你的"付出"让对方形成习惯，再想不做或再想额外收费，对方肯定难以接受。最理想的方式是挑重点的价值项予以适当展示，同时轻易不要义务劳动或免费帮别人做事情。

通过上述案例我们可以看出，自我价值的体现有多种不同可能性。最糟糕的体现是损己利他。最优质的体现则是利人利己、协作共赢，且双方都能获得较高的回报率，甚至达成情感满足。

小　结

1. 自我价值的分类

通过本章内容我们可以看出，自我价值分为显性价值及隐性价值。

显性价值指短期内容易被看到的价值。比如厨艺好、英语优秀、会弹钢琴，往往跟专业技术或技能有关，变现也会更加快速、容易。

隐性价值指短期内显现速度较慢、需要中长期才能逐步展示的价值。比如较强的执行力、优秀的自我管理能力、极佳的谈判能力，往往需要通过某些事件甚至难题才能展现，如"逆向思维"。

还有极个别是不仔细体会或对比就难以看到的，比如风险规避能力。同一个岗位，张三任职十年，平淡无波，没有任何事情发生，看上去好像没什么特别的能力或价值，没有任何了不起的。但张三离职后，李四上任，这个岗位忽然就乱套了，不仅各种问题层出不穷，还经常丢东西、多报账，甚至发生客户索赔事件。有了李四上任后的对比，才能发现，原来张三的风险规避能力这么厉害。没看到他做什么，却保证了该岗位良好地运转。李四这方面的能力则很糟糕，做了一堆事，却还是让企业承受了各种损失。

所以，如果从时间维度进行区分，隐性价值往往体现在过程中或者结果出现后，而且它是速度比较缓慢的一个体现，需要通过对比、对照才能最终确定价值系数。

例如，沟通表达、商务谈判能力属于显性价值，因为效果立即可见；管理能力、风险规避能力属于隐性价值，因为需要长期进行才能看到效果。显性价值因为能立刻被看到、予以评估，所以变现速度更快，效果更好；隐性价值因为无法被立刻看到，需要发生特定事情或不发生事情或发生了糟糕的事情做比照后才能被看到，所以变现慢，变现程度不一。

想快速变现的，重点展示显性价值；想打造个人品牌、让自我价值具有可持续性的，重点展示隐性价值。

所以自我价值的发掘必须先从自己弄明白开始入手，千万不要认为"是金子总会发光的"。如果你自己不做这件事，其他人最多看到你的显性价值，但很难发现你的隐性价值。然而决定个人品牌独特性、优势及可持续性的，基本上都是隐性价值，需要长期不断自我评估、自我发掘才能达成。

社交敏感者对此往往存在误区，认为"我有价值，你没发现是你的问题"，这大错特错。

你有价值，首先必须自己发现并深入弄明白这些价值到底是什么、有没有用，然后做好展示。如果别人不认可你的价值，一定是你的方法用错了或把对方不需要的价值展示在了不合适的场合中。它既不能说明你毫无价值，也不能说明你一无是处。

2. 自我价值的目的

自我价值的目的有如下五点。

其一，专注于自身的觉察、评估、纠偏及提升，让自己通过这个步骤得到良好发展。

其二，增强自我认同感，通过科学合理、客观清晰的价值评估，明确看到你的某项价值到底能得到怎样的回报，需要在什么地方得到回报，它被需求的程度是怎样的。这有助于我们在不同场合做不同的展示，而不是像从前一样，只知道一味地盲目讨好、顺从他人，对他人有求必应。现在，你知道自己有什么价值，每一种价值要重点在哪类场合展示，该展示到什么程度了吧。这时还会对他人的求助来者不拒或不好意思拒绝吗？

其三，通过明确回报率来增强内驱力，改善拖延、恐惧、焦虑等负面情绪，有效地提高执行力，提高结果达成率。

其四，清晰准确的自我价值评估有助于屏蔽外界的质疑、贬损、打压、批判。此时我们对自己的价值已经有了客观认知，不会再轻易受到外界的影响。

其五，降低对外界的监控。实际上在对自身做充分分析及评估的过程中，我们已经很好地将注意力逐渐从外界拉回来，转移到对自身的关注上了，这能有效缓解因外界、社交反馈而导致的各种情绪问题。

总之，自我价值认同是社交敏感者做好情绪管理的最重要、最核心的步骤。增强自我价值认同能从本质上增强我们的自尊、自信。自尊、自信越强，对外界的反馈越容易抱持清晰客观的态度，这时越容易专注自身，而不是对外界风吹草动过分脑补。可以这么说，想改善因社交敏感而导致的负面情绪，必须尽力挖掘并认同自我价值。这一点非常重要！

4.5

自我疗愈第四步：加强自我认知，消除四大脆弱

社交敏感者因对人际的感知非常敏感、脆弱，所以经常陷入情绪低谷。这不仅会影响心情，更会影响职场、择业、人生的种种重要决策。

社交敏感者容易窝在看似"安全"而实则充满危机的"舒适圈"中。潜意识里有着根深蒂固的自我质疑，一再验证对自己的不满和厌弃。

4.5.1　没有完美的人际关系

世界上没有完美的人际关系，大家都是通过磨合来彼此适应，这期间双方（或多方）一定是会互相影响的。社交敏感者基本上处于完全被影响的状态中，很难通过自己的表达去影响他人。

你有需求，但打死也不说，非要以被压迫的受害者心态让别人猜猜猜；这时很难获得他人的尊重、关心、照顾，只会被默认为"他什么都不需要"或"谁让他自己不说的"，大家都会觉得累。

1. 中断"我一定要获得他人的认可、赞美"

你又不是招财猫，不可能被每个人都喜欢。哪怕真的变成招财猫，也还是会有人不喜欢，因为这时他可能嫌弃你"招来的钱少"。

人的索取欲望是无穷无尽的，在职场中，上级对下属也经常出现这种情况。很多管理者都对下属严苛要求，哪怕下属再怎么努力，都不能让他们满意。他们

会想方设法对下属贬损打压，下属做什么都是错的，别想从这类管理者口中听到半句夸赞或认同。

如果这时社交敏感者认真了，因此而自我质疑了，那就输了。发掘并明确自己真正的优点、价值，无论在社交还是职场都懂得扬长避短，这才是最重要的。

我们不仅要认识到自己的优点，还要接纳自己的不足、缺陷、不完美。"我不完美，我爱这样的自己，因为我是独一无二的！"

2. 不要把自己当成超人

就像你不可能让所有人都完全满意一样，你也不可能对所有人的所有要求来者不拒、面面俱到地予以满足，否则只会被累死。

接受自己的羸弱、愚昧、反应慢、记性差等不足，这些都没什么，不要纠结，不要因此而自我厌弃。我们要思考的重点是如何在社交及职场中发挥自己的优势，避开那些可能触及缺点、劣势的事项。例如，记性差但善于倾听，就要把愿意倾听的优势展示出来。反应慢但是非常友善，就要把友善、有亲和力的优势展示出来。多做能展示优势的事项，少碰会触及短板的事项。当有人向你寻求帮助时，也不要一味答应，而应该先思考他能给你什么回馈。

3. 人无完人，要让周围人有包容自己的觉悟

记住，无论在家庭、社交还是职场中，你表现得再完美，对方也不会因此而称赞你，反而会要求你更加完美。人们都习惯用宽容的标尺放纵自己，用严苛的标准要求他人。所以，我们要改掉过度包容他人，严苛自己的坏习惯。

对于他人，不想忍的可以不忍；对于自己，不想改的也可以不改。你又不是变色龙，何必总根据别人的要求而改变自己？

不影响目标、目的达成的前提下，你不需要做太多改变，坚持做自己，让他人有包容你的觉悟，这样才能在社交人际中轻松、自在，而不是整天紧绷。

4. 不是所有人都需要你。认为不需要你，就很难给你正面评价

如果在不需要你的人身上花费时间、精力，就会消耗情绪。价值是互相吸引的，认为你没有价值的人，自然就不会给你任何价值回馈，更难以对你做出中肯的、正面的评价。

很多人认为，女性的最大价值是生孩子。当他们不需要女性的其他价值时，

自然不会给予女性正面反馈。这时，你在他们面前怎么展示都没用，不管如何进行自我验证，都不可能获得对方认可。恰当的处理方式是不必为不需要的人提供展示及服务。无视他们，可以让自己省时、省力、省心、省钱。

5. 人们虽然需要情感满足，但更需要价值回报

社交的核心并不是必须为他人付出或持续提供服务，而是你的价值。付出及提供服务满足的是对方的情感需求，价值才能满足对方的利益需求。情感需求的满足为利益需求的发掘提供帮助。如果你只能为某人持续提供情感价值，但毫无利益价值可言，那么这段关系即便可以维持下去，也会让你感到越来越疲惫，越来越困惑。

职场的核心不是必须付出或持续提供服务，而是产品、服务、个人品牌背后的价值系数。这时，服务的情感渲染是为了让客户认同品牌价值，让客户获得更多的利益回报。明确这一目的有助于我们在提供服务时直奔主题，而不是劳而百劳，做了好多事情，却一直不被认可。

6. 持续被社交困扰，说明这些都是消耗型社交

社交分三种：有效型社交、无效型社交和消耗型社交。

如果你持续处于第三种社交中，就需要通过明确社交目的来进行改善。目的清晰，才能专注结果达成，让自己有努力的目标和方向。若某类社交无法帮助你达成目的，尝试多种方法也没有效果，这类社交就可以被果断地筛掉。

记住：绝大多数人没有那么重要，他们终究只能成为我们生命中的过客，我们对绝大多数人的意义也是如此。所以，是否被对方喜欢，是否留下好印象，在大多数时候真的没那么重要。

7. 社交出现问题时，要善用归因法

其他人也反映你有这方面问题吗？

你在其他环境中是否也不被欢迎？这时需要分析环境，看看环境是同类还是不同类。如果在同类环境中，你总是不受欢迎，说明你不适合这类圈子，应该转换其他类型的圈子；如果在不同类的圈子里都不受欢迎，说明你应该适当地自省及复盘，看看到底是哪方面存在问题，以便于改善。

其他人在这类环境中是否被欢迎？受欢迎的都是怎样的人？他们是怎么做的？通过多观察、多对比，找到自己存在的不足，学习他人的可取之处，进而改善。

8. 敏感者在社交中的常见痛点是不知道如何表达需求

这源自他们潜意识中认为哪怕表达了需求，也不会被满足，所以潜意识禁止他们去表达、倾诉，将对外沟通的需求掐断。改善方法如下。

（1）明确说出你的要求，言简意赅，主题明确。

比如："我逛累了，今天就到这里吧，咱们可以下次继续啊！"

"我逛累了"就是一个简单的要求。你只有说出来，别人才能知道，否则社交中最痛苦的那个永远是你自己。

（2）明确交换价值。要求满足后，你能为对方提供什么。

比如："空调温度太低了，可以调高一些吗？我可以送你两个 USB 电风扇，放在你的工位上。"

（3）当你的要求不被满足时，说明对方不需要你的价值，或看不上你提出的交换条件。这时我们可以利用营销方法，发掘对方的需求。

比如："空调太冷了，可以把温度调高一些吗？我请你吃冰棍儿。"或"空调太冷了，如果你能把温度调高一些，我就帮你把客户资料都整理出来，帮你更快完成任务。"

当通过谈判及交换让对方满足自己的要求时，不仅能增强情感愉悦，还能获得成就感，增强自尊、自信。万一没有被满足，也不要气馁，我们可以思考其他方式、方法，总有一种可以达成。

9. 不要总纠结于"他是否对我不满意"

即便是混职场，也没必要整天纠结这件事，这时我们要先关注对我们不满意的人会给我们带来什么负面影响。

（1）对我们不满意的人，会影响到我们的升职加薪。

这时要想办法改善，通过多沟通、积极展示自己优势长项、做出更多业绩成效、尽可能满足对方的合理需求等方式改善对方对你的评价。

（2）对我们不满意的人，会影响我们在团队中的人际关系。

这时可以用各个击破法，一步步地重塑周围人对我们的印象、评价。不管怎样，都不需要因为某件事说错、做错、出纰漏而耿耿于怀、夜不能寐。

任何事都会过去，只是早晚而已。如果自己心里迟迟过不去，那么阻碍它的不是别人，而是你自己。

10. 不要遇到职场人际难题就立刻辞职

遇到人际问题，我们首先要思考的就是为什么；其次思考对目标结果达成的影响系数；最后思考如果有影响，如何改善、解决。

社交敏感者遇到人际问题，往往最想要做的事情就是"赶紧跑"。实际上，逃避解决不了任何问题，只会让原本的问题更加严重。我们需要掌握解决方式，这样才能让自己的人生在今后畅通无阻。

11. 沟通永远是解决绝大多数人际烦恼的最好工具

我们可以通过沟通了解对方的真实需求及意图。注意提问方式，先交代自己目前的情况，再说明为何要进行这次沟通，目的是什么，最后才是询问对方"事情进展如何了"。例如："你为何会这么认为呢？""能说说你的依据是什么吗？""是哪件事或哪个细节令你感到不满意了？能具体说说吗？"

绝对不要带着情绪沟通，情绪是阻碍沟通的最大屏障。对方如果带着情绪，可以通过减缓说话语速等方式让他的情绪逐渐缓和。我们自己则尽量不要在情绪激动的时候跟他人沟通，否则不但难以达成目的，反而会起到反作用。

利用沟通解决人际问题的关键就是勤动嘴，多问几个"为什么"。

4.5.2　社交敏感者如何做好情绪管理？

情绪管理是每个人的人生必修课，我们从牙牙学语那一刻开始，就已经在有意或无意地感知到自己的情绪并通过它影响或操控其他人的情绪。

每个人都在自我影响、自我感知，又影响着他人以及被他人感知。无数组织、机构、团体、圈子，形成一幅幅"图景"，共同塑造并持续影响着我们的认知。

同时，认知又会反过来影响情绪，进而影响个体方方面面的决策。

情绪稳定的人，在做决策时更倾向于理智思考，能合理科学地进行逻辑分析，做出最适合自己的选择；情绪不稳定可以，经常感到焦虑、迷茫、紧张，或暴躁易怒，这时就容易冲动地做出决策。

我们可以看到，职场中也好，社交中也罢，人缘好、交际好、混得好、机会多、收入稳步增高的人，绝大多数是情绪稳定者。

他们有个共同特点，就是都对人及交际的反馈非常迟钝。因为迟钝，所以很少会因此而不开心，于是更能适应陌生的环境、场合、圈子，快速结识新朋友。

社交敏感者的情绪波动比较大，主要来自外界人际反馈的波动。

想要做好情绪管理，进行自我疗愈，首先我们必须从重塑自我认知入手，认知包括但不限于以下四方面。

其一，重塑对爱的认知。（第 1 章内容）

其二，认识到自己是有优点及价值的。（第 2、第 4 章内容）

其三，对自我意识及边界的认知。（第 3 章内容）

其四，对自我需求和个人目标的认知。（全书）

弄明白自己能做什么、能做好什么，喜欢什么、讨厌什么，你的优点和价值被哪类人、哪些场合需要，它的价值变现难易度怎样。

1. 始终关注与目标有关的事项

目标就是目的，那些容易在某个圈子或领域得到成效的人，无一例外都拥有清晰的目标及强烈的目的。他们做任何事都是关注目标，想方设法达成目标。

相反，社交敏感者的最大痛点就是没有目标，不知道自己要什么，不知道自己能做什么、能做好什么、喜恶什么。

由此可见，重塑自我认知非常重要，如果我们能将本书涉及的方法都进行尝试，那么就更容易拥有清晰的目标。

社交时，明确参加这个聚会的目的是什么，希望学到什么。

职场中，清楚在这个平台努力的目的是什么，怎么达成。

在其他场合，做任何事情之前，都会习惯性地去思考："我关注这些，能带来什么？关注的事情或人真的有意义吗？"

多思考，多反省，将重要的（与目标相关的）人或事留下，其余的筛掉；这样能有效避免消耗型人际带来的困扰，让我们更加专注重点，直奔目标。

2. 在需要的场合展示优点和价值

重新认识到自己真正的优点和价值，对缓解情绪有极大帮助。只在需要的场合对重要的人进行展示；对于不需要的场合或不重要的人，可以少展示甚至不展示。

这时无论他们怎么评价，我们都不会受影响，因为我们已经知道了，每个人都只是站在能否利己的角度对他人的优点及价值进行评判。能利己就夸赞对方，不能就贬损对方，这很正常、很普遍，大可不必因此而困扰烦恼。

3. 少关注人，多关注能完成的事

社交敏感者之所以经常情绪低落，主要原因是太在意"人"，同时，又因为对"事"毫无概念，导致很难收获结果、成效。

我们要尝试多关注事，多关注哪个人能帮助我们达成这件事，他的优点及价值是什么，他在哪方面能让我们得到学习或借鉴，他是否可以带给我们不同的思考，扩大认知。

不要纠结于他人对我们自己的反馈，而应关注他们对我们要做的事情的反馈。

他们对个体人的反馈，没什么意义；对我们事情的反馈，才应该予以关注。

通过梳理和复盘，我们可以有效远离人际压力带来的迷茫、困惑、焦虑等负面影响，保持情绪稳定、积极、向上，获得健康心理。

我们用一张图将前面的内容进行汇总，见图4-5。

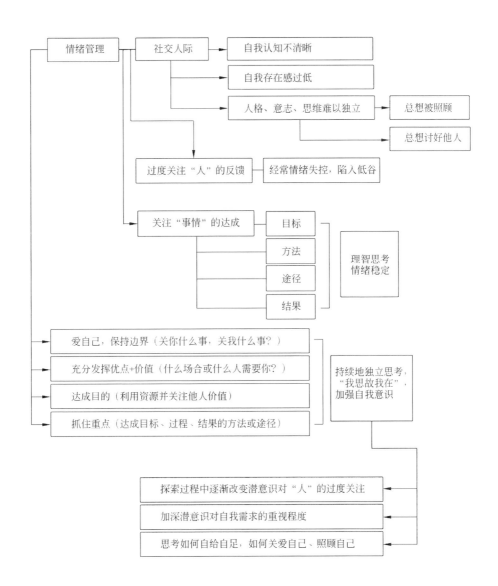

图 4-5　情绪管理

结束语

人的一生是自我经营、运营的过程，其中做好情绪管理是保证自我经营、运营良好有序的最基本前提。

当我们运营某种产品时，必须要先热爱这个行业领域，然后对这个产品有足够的信心，才能经营、运营好它。引申到自我经营也是一样。我们必须首先爱自己这个人，热爱自己的人生、路径、经历、优缺点、价值等。依据这些，我们对自己的能力有足够信心，然后才能做好自我经营、运营。

热爱自己不是毫无缘由地盲目自恋，也不是对客观不足照单全收、宁死不改。

第一是自我尊重，包括对意识觉醒的尊重、对自由意志的尊重、对尊严的尊重等，这些都是对人格的尊重。

第二是对自己身体的尊重和对健康的尊重。

第三是对自己原则、底线、边界、价值观、需求的尊重，这些属于精神层面的尊重。

第四是对过往一切的尊重，无论它是好是坏，都要尊重其客观存在，并从中寻找真理、意义，帮助自我在今后更好地成长。

所以我们也可以这么认为，热爱自己就是充分尊重自己的一切。接下来，才会涉及对他人的热爱（尊重他人）、对世界的热爱（尊重其他生命乃至于尊重整个世界）。

学会爱是社交敏感者做好情绪管理的必修课题，也是值得我们用一生去不断研究、学习的课题。我们是独立存在的，既不需要讨好别人，也不需要曲意逢迎，更不需要压抑、委屈自己或依附、依赖他人。

从现在起，学会爱自己，学会尊重自己。通过不断地思考、实践来反复验证价值，收获结果、成效。

改善自我设置障碍及习得性无助，敏锐地识别操控，保持边界感，不再沦为他人的傀儡或木偶。用正常的方式收获有效社交，结交优质朋友，与志同道合者携手同行，而不是混在消耗型社交中互掐互害。

通过这些方法彻底改变心态，管理好自己的情绪，进而管理好整个人生。